100 SUPER RECETTES

WOK

Recettes et photographies de Marie-Laure Tombini

MANGO
éditions

SOMMAIRE

WOK VÉGÉTARIEN

WOK POISSONS & CRUSTACÉS

WOK À LA VIANDE

CALENDRIER DES FRUITS ET LÉGUMES

JANVIER

Ail
Betterave
Carotte de garde
Céleri-rave
Chicorée
Chou blanc
Chou de Bruxelles
Chou rouge
Courge
Cresson
Crosne
Endive
Épinard
Frisée
Mâche
Navet
Oignon de garde
Panais
Poireau
Pomme de terre
Roquette
Salsifis
Topinambour
Citron
Clémentine
Kiwi
Mandarine
Orange
Pamplemousse
Poire
Pomme

FÉVRIER

Ail
Betterave
Carotte de garde
Céleri-rave
Chicorée
Chou blanc
Chou de Bruxelles
Chou rouge
Courge
Cresson
Crosne
Endive
Épinard
Frisée
Mâche
Navet
Oignon de garde
Panais
Poireau
Pomme de terre
Roquette
Salsifis
Topinambour
Citron
Clémentine
Kiwi
Mandarine
Orange
Pamplemousse
Poire
Pomme
Ail
Asperge blanche

MARS

Asperge verte
Betterave
Blette
Carotte de garde
Céleri-branche
Céleri-rave
Chou blanc
Chou de Bruxelles
Chou frisé
Chou rouge
Cresson
Endive
Épinard
Frisée
Navet
Oignon de garde
Panais
Poireau
Pomme de terre
Radis
Roquette

Salsifis
Topinambour
Citron
Kiwi
Mandarine
Poire
Pomme
Ail

AVRIL

Artichaut
Asperge
Betterave
Blette
Carotte primeur
Chou-fleur
Cive
Concombre
Endive
Épinards
Frisée
Laitue
Navet
Oignon primeur
Petit pois
Poireau
Pomme de terre
Radis
Roquette
Citron
Pamplemousse
Pomme

MAI

Ail
Artichaut
Asperge blanche
Asperge verte
Betterave rouge
Blette
Carotte primeur
Céleri
Chou-fleur
Cive
Concombre
Épinard
Laitue
Navet
Oignon primeur
Petit pois
Poireau primeur
Pomme de terre primeur
Radis
Roquette
Cerise
Fraise
Pamplemousse
Rhubarbe

JUIN

Ail
Artichaut
Asperge blanche
Asperge verte
Aubergine
Betterave rouge
Blette
Brocoli
Carotte primeur
Céleri
Cive
Concombre
Courgette
Épinard
Fenouil
Haricot mange-tout
Haricot vert
Laitue
Navet
Oignon primeur
Petit pois
Poireau primeur
Poivron
Pomme de terre primeur
Radis
Tomate
Abricot
Cassis
Cerise
Citron
Fraise
Framboise
Groseille

Melon
Pamplemousse
Pastèque
Pêche
Pomme
Prune
Rhubarbe

JUILLET

Ail
Artichaut
Asperge
Aubergine
Betterave
Brocoli
Carotte
Céleri
Cive
Concombre
Courgette
Épinard
Fenouil
Haricot
Laitue
Maïs
Oignon primeur
Petit pois
Poireau primeur
Poivron
Pomme de terre
primeur
Radis
Tomate
Abricot
Cassis
Cerise
Figue
Fraise
Framboise
Groseille
Melon
Myrtille
Nectarine
Pastèque
Pêche
Poire
Prune
Rhubarbe

AOÛT

Ail
Artichaut
Aubergine
Betterave
Blette
Brocoli
Carotte de saison
Céleri
Cive
Concombre
Courgette
Épinard
Fenouil
Haricot
Laitue
Maïs
Oignon primeur
Poireau primeur
Poivron
Pomme de terre
primeur
Radis
Tomate
Abricot
Cassis
Figue
Fraise
Framboise
Groseille
Melon
Mirabelle
Mûre
Myrtille
Nectarine
Noisette
Pastèque
Pêche
Poire
Pomme
Prune
Raisin

SEPTEMBRE

Ail
Artichaut
Aubergine
Betterave
Blette
Brocoli
Carotte de saison
Céleri
Cive
Chou blanc
Chou de Bruxelles
Chou-fleur
Concombre
Courgette
Cresson
Épinard
Fenouil
Haricot
Laitue
Maïs
Oignon de garde
Panais
Poireau
Poivron
Potiron
Pomme de terre
Radis
Tomate

Coing
Figue
Melon
Mirabelle
Mûre
Myrtille
Noisette
Noix
Pastèque
Pêche
Poire
Pomme
Prune
Raisin

OCTOBRE

Ail
Betterave
Brocoli
Carotte de garde
Céleri
Chicorée
Chou blanc
Chou de Bruxelles
Chou-fleur
Concombre
Courge
Cresson
Endive
Épinard
Fenouil
Frisée
Laitue
Mâche
Maïs
Navet
Oignon
Poireau
Pomme de terre
Potiron
Roquette
Châtaigne
Citron
Coing
Figue
Framboise
Myrtille
Noisette
Noix
Poire
Pomme
Raisin

NOVEMBRE

Ail
Betterave
Carotte de garde
Céleri
Chicorée
Chou blanc
Chou de Bruxelles
Chou-fleur
Citrouille
Courge
Cresson
Crosne
Endive
Épinard
Fenouil
Frisée
Laitue
Mâche
Navet
Oignon de garde
Panais
Poireau
Pomme de terre
Potiron
Radis
Roquette
Salsifis
Topinambour
Châtaigne
Citron
Clémentine
Coing
Kiwi
Mandarine
Orange
Poire
Pomme

DÉCEMBRE

Ail
Betterave
Carotte de garde
Céleri
Chicorée
Chou de Bruxelles
Courge
Cresson
Endive
Épinard
Mâche
Navet
Oignon de garde
Poireau
Pomme de terre
Potiron
Roquette
Salsifis
Topinambour
Châtaigne
Citron
Clémentine
Kiwi
Mandarine
Orange
Poire
Pomme

CONSEILS ZÉRO DÉCHET

LE ZÉRO DÉCHET

• Si possible, privilégiez l'achat de produits en vrac en magasin spécialisé ou en grande surface. Cela permet d'éviter le surplus d'emballage et d'acheter la quantité nécessaire afin de ne pas gaspiller.

• Lors des courses, pensez à rapporter vos propres contenants, boîtes et sacs à vrac afin d'éviter au plus les emballages en plastique. Si vous ne pouvez pas acheter en vrac, privilégiez les emballages en carton ou bien ceux en verre, recyclables à l'infini ! Attention, certains emballages en carton cachent parfois du plastique, pensez à vérifier.

• Pour lutter contre le gaspillage alimentaire, vous pouvez établir votre planning des repas de la semaine avant de faire votre liste des courses. Cela évitera d'acheter des produits qui ne pourront pas être consommés à temps.

• Les produits avec la mention « date limite d'utilisation optimale » (DLUO) ou bien « à consommer de préférence avant le ... » peuvent être mangés bien après la date indiquée sans risque pour le consommateur. Il faut les différencier des produits avec une « date limite de consommation » (DLC) qui, elle, doit être respectée. Cependant, certains produits à DLC, tels que les yaourts par exemple, peuvent aussi être consommés quelques jours après leur date de péremption.

• Vous pouvez utiliser les fanes et les épluchures dans de nouvelles recettes anti-gaspi (chips, bouillon, bisque, sauce, etc.) ou pour alimenter votre compost de cuisine. Les parts non comestibles de certains aliments peuvent aussi être utiles à la fabrication de produits ménagers ou encore de cosmétiques faits maison !

• Si vous emportez vos plats en vue d'un pique-nique ou d'un dîner à l'extérieur, pensez à remplacer la vaisselle jetable par une réutilisable (assiettes, serviettes en tissus et gobelets ecocup).

• Faire ses conserves et bocaux est un autre bon moyen de ne plus jeter. Il existe de nombreux tutoriels expliquant comment les réaliser soi-même. Ils permettent de conserver un surplus d'ingrédients pendant plus d'un an.

ET ÉCORESPONSABLES

LES INGRÉDIENTS

• Lors de vos courses, privilégiez au mieux les producteurs locaux ou français. Cela permet d'éviter la pollution liée au transport des marchandises et de soutenir l'agriculture française. Les circuits courts se développent de plus en plus et il est aujourd'hui possible d'acheter directement aux producteurs, à la ferme ou via des AMAP (http://www.reseau-amap.org/).

• Si vous le pouvez, préférez les produits bio. Sinon, privilégiez au mieux le bio sur les fruits et légumes dont vous consommez la peau tels que les tomates, les fraises ou encore les pommes.

• Il existe différents labels biologiques : Label Agriculture Biologique, Label Biologique Européen, Demeter ou encore Bio Cohérence. Chaque label possède ses spécificités et ses avantages. Vous pouvez vous renseigner sur internet afin d'apprendre à les reconnaître.

• Limitez au possible votre consommation d'ingrédients exotiques. Si vous achetez un aliment ou une épice qui vient de loin, réfléchissez à comment vous pourriez l'intégrer dans vos recettes au quotidien afin de ne pas gaspiller un produit précieux en l'oubliant au fond du placard.

• Consommez des fruits et légumes de saison. Il existe également une saisonnalité pour la viande et le poisson. N'hésitez pas à vous renseigner sur internet ou auprès de votre boucher et de votre poissonnier. Pour le poisson, il est aussi préférable d'éviter les espèces les plus menacées par la pêche intensive.

• Pour les œufs, il existe différentes catégories : vous pouvez repérer les codes allant de 0 à 3 sur les boîtes d'œufs. Le code 0 indique que les œufs sont issus d'un élevage de poule en plein air en mode biologique. Il s'agit du mode d'élevage à privilégier au mieux car c'est le plus respectueux pour les animaux et le seul pour lequel l'alimentation des poules est contrôlée. Au contraire, le code 3 est à éviter au maximum puisqu'il indique un élevage intensif et en batteries dans de très mauvaises conditions.

LE MATÉRIEL DE BASE

• Pour vos ustensiles de cuisine, il est préférable de choisir des revêtements en fonte naturelle, plus résistants et non toxiques. Il est également conseillé de privilégier les ustensiles en acier inoxydable et durable. Dans ce cas, n'oubliez pas de culotter vos poêles pour qu'elles n'attachent pas. De plus, évitez au maximum les matières qui peuvent s'avérer toxiques pour l'organisme telles que l'aluminium, le téflon ou encore le cuivre. Privilégiez la qualité de votre matériel de cuisine à la quantité.

• Pour nettoyer votre matériel, misez sur les produits ménagers naturels faits maison ! En plus d'être simples à réaliser, ces produits d'entretien sont économiques et très souvent multi-usages.

• Vous pouvez aussi pratiquer l'upcycling en réutilisant les vêtements que vous ne portez plus pour réaliser de nouvelles créations en tissus, qui vous seront utiles pour l'entretien de vos ustensiles de cuisine. Vous pourrez ainsi faire vos propres essuie-tout ou encore des éponges tawashi. En plus d'être totalement personnalisables en fonction de vos goûts et des tissus que vous avez sous la main, ce sont des produits lavables et réutilisables.

L'ÉNERGIE

• Pour faire des économies d'énergie, évitez de préchauffer votre four trop en avance. Lorsque vous utilisez votre four, vous pouvez en profiter pour faire cuire plusieurs recettes en simultanée ou encore pour faire décongeler ou réchauffer un autre plat.

• Vous pouvez économiser de l'eau en réutilisant l'eau de rinçage ou en faisant la vaisselle avec un bac pré-rempli. Vous pouvez également investir dans un aérateur d'eau pour faire des économies !

CHOISISSEZ LES BONS MATÉRIAUX POUR UNE CUISSON SAINE DE VOS ALIMENTS.

LES MATÉRIAUX À ÉVITER :

Il y a certaines matières à éviter en cuisine, et plus particulièrement lorsqu'on les retrouve dans les ustensiles de cuisson comme le wok ! Il est notamment recommandé de ne pas utiliser d'appareils contenant du téflon ou encore de l'aluminium. En effet, ces deux matières peuvent s'avérer toxiques pour l'organisme. Les appareils en émail et en céramique sont aussi à éviter. Trop fragiles, ils s'usent rapidement, et vous seriez obligé de les remplacer régulièrement.
Il est donc préférable d'opter pour des matériaux naturels plus sains tels que la fonte, l'acier inoxydable ou encore l'inox. Non toxiques pour l'organisme, ils sont aussi plus résistants. Ainsi, même s'ils ont un certain coût à l'achat, ils représentent tout de même un bon investissement sur le long terme !

LE BON ENTRETIEN DES USTENSILES PERMET D'ALLONGER DURABLEMENT LEUR DURÉE D'UTILISATION :

Pour une cuisson saine des aliments, il est important de cuisiner avec des ustensiles propres et non abimés. Attention, l'utilisation d'une éponge abrasive ou de produits dégraissants lors du nettoyage pourrait fortement endommager votre wok. Le nettoyage des woks se fait seulement à l'eau chaude, sans produit dégraissant. Il est aussi conseillé d'utiliser une brosse en bambou afin de ne pas abîmer le revêtement de votre appareil.

WOK
VÉGÉTARIEN

CURRY
DE CHOU-FLEUR

Pour 4 personnes • Préparation : 20 min • Cuisson : 30 min

1 chou-fleur • 1 oignon • 300 g de tomates pelées et concassées • 1 c. à café de graines de moutarde • ½ c. à café de curcuma • ½ c. à café de gingembre moulu • ½ c. à café de piment doux • ½ c. à café de coriandre en poudre • ½ c. à café de cardamome • 1 c. à soupe d'huile neutre • Sel

1. Lavez le chou-fleur et détaillez-le en petits bouquets.

2. Pelez et émincez l'oignon.

3. Faites chauffer l'huile dans un wok puis faites revenir les graines de moutarde 1 minute à feu vif.

4. Ajoutez l'oignon et les épices. Mélangez et faites revenir le tout 2 à 3 minutes.

5. Ajoutez le chou-fleur, salez et mélangez. Incorporez les tomates et 30 cl d'eau. Couvrez et laissez mijoter 25 minutes environ à feu doux.

CHOU POINTU
AU LAIT DE COCO ET RAISINS SECS

Pour 3 à 4 personnes • Préparation : 10 min • Cuisson : 25 min

1 chou pointu (environ 750 g) • 40 g de beurre doux • 20 cl de lait de coco • 50 g de raisins secs • 1 c. à café de curry en poudre

1. Retirez les feuilles extérieures du chou si elles sont abimées. Lavez-le et ciselez-le en fines lanières.

2. Dans un wok, faites chauffer le beurre. Ajoutez le chou et laissez-le revenir 5 minutes sur feu moyen.

3. Ajoutez le curry, le lait de coco et les raisins. Laissez cuire 20 minutes sur feu moyen. Dégustez.

ASTUCE

Vous pouvez servir ce chou avec des tranches de jambon cuit ou un filet de poisson blanc.

CHOU CHINOIS
SAUTÉ AU GINGEMBRE

Pour 4 personnes • Préparation : 10 min • Cuisson : 8 min

1 chou chinois (pak choï) • 1 cuillerée à soupe de gingembre frais râpé
2 cuillerées à soupe de sauce soja • 2 cuillerées à soupe d'huile neutre

1. Lavez le chou et coupez-le en lanières.

2. Faites chauffer l'huile dans un wok puis faites revenir le chou 3 à 4 minutes à feu vif.

3. Ajoutez le gingembre et la sauce soja. Laissez cuire 5 minutes à feu moyen en remuant constamment. Servez bien chaud.

SOUPE DE LÉGUMES
AU LAIT DE COCO ET AU CURRY

Pour 4 personnes • Préparation : 5 min • Cuisson : 25 min

1 chou-fleur (300 g) • 1 brocoli (300 g) • 1 oignon • 25 cl de lait de coco • 1 cuillerée à soupe de curry • 1 cuillerée à soupe d'huile neutre • Sel et poivre

1. Lavez le chou-fleur et le brocoli puis détaillez-les en petits bouquets.

2. Pelez et émincez finement l'oignon.

3. Dans un wok, faites chauffer l'huile puis faites revenir l'oignon 3 minutes à feu vif.

4. Ajoutez les choux, le lait de coco et couvrez d'eau à hauteur. Salez, poivrez et ajoutez le curry.

5. Portez le mélange à ébullition, puis couvrez et laissez mijoter 20 minutes à feu doux.

CURRY DE CHOU-FLEUR
AUX TOMATES ET LAIT DE COCO

Pour 6 personnes
Préparation : 20 min
Cuisson : 40 min

1 gros chou-fleur
1 oignon
40 cl de lait de coco
400 g de tomates pelées et concassées
1 cuillerée à café de graines de moutarde
1 cuillerée à café de graines de fenouil
1 cuillerée à café de coriandre en poudre
1 cuillerée à café de garam masala
2 cuillerées à soupe d'huile d'olive
Sel et poivre

1. Retirez les feuilles abimées du chou-fleur. Prélevez les autres, lavez-les, retirez les côtes épaisses et émincez les feuilles en lanières.

2. Détaillez le chou-fleur en petits bouquets. Pelez et émincez l'oignon.

3. Dans un wok, versez les épices et faites cuire 1 à 2 minutes sur feu moyen pour les torréfier.

4. Ajoutez l'huile d'olive et laissez cuire 2 minutes.

5. Ajoutez les feuilles de chou-fleur et l'oignon. Poursuivez la cuisson 5 minutes pour les faire dorer.

6. Ajoutez les bouquets de chou-fleur, le lait de coco, les tomates et laissez cuire 20 à 30 minutes sur feu moyen, avec un couvercle.

7. Servez le curry de chou-fleur bien chaud.

CHOP SUEY VÉGÉTARIEN

Pour 4 personnes
Préparation : 20 min
Cuisson : 15 min

300 g de chou chinois (pak choï)
1 carotte
1 poivron rouge
250 g de brocoli
200 g de pousses de soja
1 cuillerée à soupe de Maïzena
1 cuillerée à soupe de sucre semoule
1 cuillerée à café de gingembre moulu
4 cuillerées à soupe de sauce soja
2 cuillerées à soupe d'huile d'olive
½ cuillerée à café d'huile de sésame

1. Délayez progressivement la Maïzena dans 5 cl d'eau froide.

2. Lavez les légumes. Pelez la carotte et coupez-la en julienne. Coupez le poivron en petits cubes. Émincez le chou chinois en fines lanières. Coupez les fleurons de brocoli en petits morceaux.

3. Faites chauffer l'huile d'olive dans un wok puis faites revenir la carotte et le poivron 5 minutes à feu vif en remuant.

4. Ajoutez le brocoli et le chou chinois. Mélangez et laissez cuire 3 minutes.

5. Incorporez les pousses de soja et saupoudrez de sucre. Ajoutez le gingembre, la sauce soja et la Maïzena délayée. Mélangez le tout et laissez cuire encore 3 minutes à feu très vif en remuant régulièrement.

6. Hors du feu, arrosez d'un filet d'huile de sésame et servez aussitôt.

LÉGUMES AIGRES-DOUX

Pour 4 personnes
Préparation : 25 min
Cuisson : 10 min

1 brocoli (200 g)
1 oignon
2 tomates
150 g de pousses de soja
10 mini-épis de maïs
1 cuillerée à soupe de sauce piment
2 cuillerées à soupe de sauce soja
2 cuillerées à soupe d'huile neutre

1. Lavez les légumes. Détaillez le brocoli en petits bouquets.

2. Pelez et émincez l'oignon. Lavez les tomates et coupez-les en petits dés.

3. Faites chauffer l'huile dans un wok puis faites revenir l'oignon et le brocoli 5 minutes sur feu moyen.

4. Ajoutez les tomates, les pousses de soja et les mini-épis de maïs. Mélangez le tout et incorporez les sauces. Couvrez et laissez cuire 5 minutes. Servez bien chaud.

CURRY
DE LÉGUMES

Pour 4 personnes
Préparation : 20 min
Cuisson : 20 min

100 g de petits pois
200 g de haricots verts
2 carottes
2 pommes de terre moyennes
¼ de chou blanc
1 grosse tomate
3 cuillerées à soupe de ghee (beurre clarifié) ou d'huile neutre
1 cuillerée à café de curry
1 cuillerée à café de cumin
Sel et poivre

1. Écossez les petits pois. Équeutez les haricots verts et coupez-les en quatre. Pelez et émincez finement les carottes. Épluchez et coupez les pommes de terre en petits dés. Émincez finement le chou blanc. Coupez la tomate en petits cubes.

2. Dans un wok, faites revenir les pommes de terre et le chou avec le ghee (ou l'huile). Salez, poivrez et incorporez les épices.

3. Ajoutez les haricots et la tomate. Versez 25 cl d'eau, couvrez et laissez mijoter 10 minutes à feu moyen.

4. Ajoutez les carottes et les petits pois. Poursuivez la cuisson pendant 5 minutes. Servez bien chaud.

HARICOTS VERTS
À LA SAUCE SOJA ET À L'AIL

Pour 3 à 4 personnes
Préparation : 20 min
Cuisson : 10 min environ

500 g de haricots verts frais
2 gousses d'ail
3 cuillerées à soupe de sauce soja
1 cuillerée à soupe de vinaigre de vin
1 cuillerée à café de sucre semoule
1 cuillerée à soupe de graines de sésame
2 cuillerées à soupe d'huile
Sel et poivre

1. Équeutez les haricots verts et lavez-les. Épluchez, dégermez et écrasez les gousses d'ail.

2. Faites chauffer l'huile dans un wok puis faites revenir l'ail 1 minute.

3. Ajoutez les haricots verts, la sauce soja, le vinaigre et le sucre. Saupoudrez de graines de sésame. Couvrez et laissez cuire 5 à 10 minutes, selon la grosseur des haricots (versez 2 ou 3 cuillerées à soupe d'eau si la préparation accroche).

4. Salez et poivrez. Servez chaud.

ASTUCE
Les haricots doivent rester légèrement croquants.

CURRY DE TOFU
À L'ANANAS

Pour 4 personnes
Préparation : 20 min
Cuisson : 30 min

250 g de tofu nature
1 ananas
1 oignon
1 poivron
2 cuillerées à soupe de sauce soja
40 cl de lait de coco
3 cuillerées à soupe d'huile d'olive

1. Pelez et émincez l'oignon.

2. Pelez le poivron et coupez-le en lanières.

3. Ôtez l'écorce et le cœur fibreux de l'ananas, puis coupez la chair en cubes.

4. Coupez le tofu en dés.

5. Faites chauffer l'huile dans un wok puis faites revenir les dés de tofu avec la sauce soja 5 minutes à feu moyen.

6. Ajoutez l'oignon, le poivron et l'ananas. Mélangez, couvrez et faites cuire 5 à 8 minutes à feu moyen.

7. Ajoutez le lait de coco et 20 cl d'eau. Mélangez et continuez la cuisson 8 à 10 minutes à feu moyen sans couvrir. Servez aussitôt.

CURRY DE TOFU
AUX ÉPINARDS ET CAROTTES

Pour 4 personnes
Préparation : 15 min
Cuisson : 15 min

320 g de tofu fumé
250 g d'épinards frais
500 g de carottes
1 oignon
40 cl de lait de coco
2 cuillerées à soupe de sauce soja
3 cuillerées à soupe d'huile

1. Pelez et émincez finement l'oignon. Pelez et coupez les carottes en bâtonnets.

2. Lavez et égouttez les feuilles d'épinards. Coupez le tofu en dés.

3. Dans un wok, faites chauffer l'huile. Faites-y revenir l'oignon et les carottes 3 minutes sur feu vif.

4. Ajoutez le tofu, les épinards et la sauce soja. Laissez cuire 2 minutes de plus, en remuant.

5. Versez le lait de coco et laissez cuire 5 à 10 minutes.

6. Servez bien chaud avec du riz ou des vermicelles.

TOFU AUX POIVRONS
ET AU CONCOMBRE

Pour 4 personnes
Préparation : 10 min
Cuisson : 15 min

250 g de tofu nature
1 oignon
3 poivrons rouges
1 petit concombre
4 cuillerées à soupe de nuoc-mâm
3 cuillerées à soupe d'huile d'olive

1. Pelez et émincez l'oignon.

2. Lavez les poivrons et coupez-les en lanières.

3. Lavez le concombre et coupez-le en deux dans la longueur puis en fines lamelles.

4. Coupez le tofu en petits dés.

5. Faites chauffer l'huile dans un wok puis faites revenir l'oignon et les poivrons 5 minutes à feu moyen en remuant régulièrement.

6. Ajoutez les dés de tofu et le nuoc-mâm. Mélangez et laissez cuire 5 minutes à feu moyen.

7. Incorporez les lamelles de concombre et continuez la cuisson 5 minutes. Servez aussitôt.

BOUILLON AU TOFU
ET À LA CORIANDRE

Pour 4 personnes • Préparation : 15 min • Cuisson : 5 min environ

200 g de tofu soyeux • 4 champignons noirs déshydratés • 70 cl de bouillon de légumes • 3 c. à café de sauce soja • 1 c. à soupe de gingembre frais râpé • 2 c. à soupe de coriandre fraîche ciselée • ½ c. à soupe de graines de sésame • 2 c. à soupe de vinaigre de riz

1. Réhydratez les champignons dans un bol d'eau bouillante pendant 10 minutes.

2. Coupez le tofu en petits cubes. Émincez les champignons en fines lamelles.

3. Faites chauffer le bouillon dans un wok avec la sauce soja et le gingembre. Ajoutez le tofu, les champignons, la coriandre, les graines de sésame et le vinaigre.

4. Portez à ébullition et servez aussitôt.

FENOUIL,
ET COURGETTE À L'ANIS

Pour 4 personnes • Préparation : 15 min • Cuisson : 25 min

2 bulbes de fenouil • 400 g de courgettes • 1 oignon • 1 c. à soupe d'anis vert • 1 c. à soupe de graines de fenouil • 3 c. à soupe d'huile d'olive • Sel et poivre

1. Lavez les courgettes et coupez-les en bâtonnets.

2. Lavez les fenouils, enlevez les tiges et coupez les bulbes en fines lamelles.

3. Faites chauffer l'huile dans un wok puis faites revenir l'oignon 3 à 4 minutes à feu moyen.

4. Ajoutez les légumes, l'anis vert et les graines de fenouil. Salez, poivrez et mélangez le tout. Couvrez et laissez cuire 20 minutes environ, en remuant de temps en temps, jusqu'à ce que les légumes soient bien tendres. Servez aussitôt.

PATATES DOUCES
ET CAROTTES AU GINGEMBRE

Pour 4 personnes
Préparation : 25 min
Cuisson : 35 min

300 g de patates douces
300 g de carottes
1 oignon
½ cuillerée à soupe de gingembre frais râpé
½ cuillerée à café de cumin moulu
½ cuillerée à café de cannelle
3 cuillerées à soupe d'huile d'olive
Sel et poivre

1. Épluchez les patates douces et coupez-les en cubes. Faites-les cuire 15 minutes dans une casserole d'eau bouillante salée.

2. Pelez et émincez l'oignon. Pelez les carottes et coupez-les en bâtonnets.

3. Faites chauffer l'huile dans un wok puis faites revenir l'oignon 3 à 4 minutes à feu moyen.

4. Ajoutez les carottes et les épices. Couvrez et laissez cuire environ 10 minutes, en remuant de temps en temps.

5. Ajoutez les patates douces égouttées. Salez, poivrez et mélangez le tout. Poursuivez la cuisson 5 minutes. Servez bien chaud.

NEMS AUX LÉGUMES

Pour 6 à 8 nems
Préparation : 30 min
Cuisson : 10 min

2 champignons noirs déshydratés
30 g de vermicelles de soja
180 g de courgette râpé
100 g de carotte râpé
90 g de germes de soja
1 cuillerée à café de nuoc-mâm
2 cuillerées à soupe de sauce soja
6 à 8 feuilles de riz
2 cuillerées à soupe d'huile neutre
Huile de friture

1. Réhydratez les champignons dans un bol d'eau bouillante pendant 10 minutes.

2. Dans un autre bol d'eau bouillante, plongez les vermicelles 10 minutes.

3. Égouttez les champignons et émincez-les. Égouttez les vermicelles et coupez-les en tronçons de 4 cm.

4. Faites chauffer l'huile neutre dans un wok, puis faites revenir sur feu vif les champignons, la carotte, la courgette et les germes de soja 4 à 5 minutes. Ajoutez les sauces et les vermicelles. Mélangez et retirez du feu.

5. Trempez 1 feuille de riz dans une assiette d'eau chaude. Une fois ramollie, déposez un peu de farce au milieu de la feuille, refermez en repliant les deux côtés et roulez. Réalisez les autres nems.

6. Faites chauffer l'huile dans un wok. Plongez les nems et faites-les dorer 4 à 5 minutes. Égouttez-les sur du papier absorbant.

TEMPURA
DE LÉGUMES

Pour 4 à 6 personnes
Préparation : 15 min
Cuisson : 20 min

1 courgette
1 aubergine
300 g de brocoli
100 g de farine
40 g de Maïzena
2 œufs
10 cl d'eau glacée
Huile de friture
Sauce piquante
pour servir

1. Lavez les légumes. Coupez la courgette et l'aubergine en fines rondelles. Détaillez le brocoli en petits fleurons.

2. Préparez la pâte à tempura : dans un saladier, mélangez la farine et la Maïzena. Dans un bol, battez les œufs avec l'eau glacée. Versez un peu de ce mélange dans le saladier et écrasez avec une cuillère ou une fourchette pour bien amalgamer les ingrédients. Ajoutez peu à peu le reste du liquide.

3. Faites chauffer l'huile de friture dans un wok.

4. Trempez les légumes dans la pâte à tempura (secouez-les légèrement), puis plongez-les dans l'huile de friture bien chaude. Laissez frire 2 à 3 minutes ; retournez-les et continuez la cuisson 2 minutes environ afin qu'ils soient bien dorés. Retirez-les avec une écumoire et égouttez-les sur du papier absorbant.

5. Servez les tempuras de légumes avec de la sauce piquante.

TEMPEH
AUX LÉGUMES

Pour 2 personnes
Préparation : 20 min
Cuisson : 25 min

200 g de tempeh (rouleau de soja fermenté)
4 champignons noirs déshydratés
150 g de haricots verts
1 carotte
1 petit oignon
40 g de nouilles de blé
1 cuillerée à soupe de gingembre frais râpé
3 cuillerées à soupe de sauce soja
3 cuillerées à soupe d'huile neutre

1. Réhydratez les champignons dans un bol d'eau bouillante pendant 10 minutes. Égouttez-les et émincez-les.

2. Lavez et équeutez les haricots verts. Faites-les cuire dans une casserole d'eau bouillante salée pendant 10 minutes. Égouttez-les.

3. Épluchez et râpez la carotte. Pelez et hachez l'oignon.

4. Coupez le tempeh en dés de 1 cm. Faites-les colorer dans un wok avec l'huile à feu moyen. Réservez-les sur une assiette.

5. Faites revenir l'oignon dans le wok 2 à 3 minutes. Ajoutez la carotte, les champignons et les haricots verts. Mouillez avec 15 cl d'eau.

6. Incorporez les nouilles et mélangez tous les ingrédients. Couvrez et laissez cuire 5 minutes.

7. Ajoutez les dés de tempeh dorés, le gingembre et la sauce soja. Servez aussitôt.

POÊLÉE DE NOUILLES SOBA
AUX SHIITAKÉS

Pour 4 personnes
Préparation : 20 min
Cuisson : 20 min

10 g de nouilles soba
(nouilles de riz, ici au riz noir)
100 g de shiitakés
400 g de carottes jaunes
100 g de cerfeuils tubéreux
2 cuillerées à café de miel
1 cuillerée à soupe
de sauce soja
Huile d'olive

1. Pelez et émincez les carottes en bâtonnets.

2. Pelez et émincez les cerfeuils tubéreux en fines rondelles.

3. Rincez les shiitakés et retirez le pied terreux. Coupez-les en 3 ou 4 selon leur grosseur.

4. Dans un wok, faites revenir les carottes dans un filet d'huile d'olive. Laissez cuire 5 minutes à couvert puis ajoutez les cerfeuils tubéreux et les shiitakés. Versez le miel, la sauce soja et laissez cuire 5 minutes à couvert.

5. Plongez les nouilles de riz dans une grande casserole d'eau bouillante salée. Puis égouttez-les.

6. Servez les nouilles avec la poêlée de légumes.

ASTUCE

J'utilise ici des nouilles soba au riz noir, vous pouvez bien sûr les remplacer par des nouilles soba au riz blanc ou des spaghettis au blé dur !

TOFU
AUX FÈVES

Pour 4 personnes
Préparation : 20 min
Cuisson : 20 min

250 g de tofu nature
350 g de fèves écossées
1 oignon
1 gousse d'ail
2 cuillerées à soupe de sauce soja
1 cuillerée à soupe de gingembre frais râpé
3 cuillerées à soupe d'huile d'olive
Sel

1. Pelez et émincez l'oignon. Pelez, dégermez et écrasez la gousse d'ail.

2. Coupez le tofu en dés.

3. Faites cuire les fèves 10 minutes dans une grande casserole d'eau bouillante salée. Égouttez-les et pelez-les.

4. Faites chauffer l'huile dans un wok puis faites revenir l'oignon, l'ail et les dés de tofu avec la sauce soja et le gingembre 5 minutes à feu moyen.

5. Ajoutez les fèves et mélangez. Couvrez et laissez cuire 2 à 3 minutes. Servez aussitôt.

RIZ SAUTÉ AUX LÉGUMES

Pour 4 personnes
Préparation : 15 min
Cuisson : 10 min

200 g de riz long grain cuit
1 courgette
1 carotte
1 poivron (ou un mélange de poivrons de différentes couleurs)
1 oignon
4 cuillerées à soupe d'huile d'olive
Sel et poivre

1. Pelez la courgette et la carotte et coupez-les en julienne.

2. Lavez le poivron et coupez-le en fines lanières.

3. Pelez et hachez l'oignon.

4. Faites chauffer l'huile dans un wok puis faites revenir l'oignon et le poivron 3 minutes environ à feu vif jusqu'à ce qu'ils commencent à colorer.

5. Ajoutez la carotte et la courgette et faites cuire 3 minutes en remuant.

6. Incorporez le riz, salez et poivrez. Faites chauffer 3 minutes en remuant constamment. Servez aussitôt.

SOUPE DASHI AUX NOUILLES
ET AUX CHAMPIGNONS NOIRS

Pour 2 personnes
Préparation : 5 min
Cuisson : 10 min

1 sachet de dashi
10 g de champignons noirs déshydratés
2 tiges de ciboule
40 g de nouilles fines
2 ou 3 cuillerées à soupe de miso (ou 1 cube déshydraté)

1. Réhydratez les champignons dans un bol d'eau bouillante pendant 10 minutes.

2. Hachez la ciboule.

3. Égouttez les champignons et coupez-les en lanières.

4. Dans un wok, versez 60 cl d'eau et portez à ébullition. Faites infuser le sachet de dashi pendant 3 minutes.

5. Ajoutez les nouilles et remuez.

6. Ajoutez les champignons, la ciboule et le miso préalablement dilué dans une partie du bouillon. Mélangez et servez bien chaud.

SOUPE JAPONAISE
AU TOFU

Pour 4 personnes
Préparation : 10 min
Cuisson : 20 min

160 g de tofu nature
1 échalote
2 carottes
1 cuillerée à café de gingembre frais râpé
1 cuillerée à soupe de sauce soja
1 cuillerée à soupe de vinaigre blanc
1 cube de bouillon de légumes
300 g de nouilles soba (nouilles japonaises)
1 cuillerée à soupe de graines de sésame
1 cuillerée à soupe d'huile neutre

1. Pelez et émincez finement l'échalote.

2. Épluchez les carottes et coupez-les en bâtonnets. Coupez le tofu en cubes.

3. Dans un wok, faites revenir l'échalote et les carottes avec l'huile 5 minutes à feu moyen.

4. Ajoutez le tofu et le reste des ingrédients sauf les nouilles. Mouillez avec 60 cl d'eau et faites cuire 10 minutes à couvert sur feu moyen.

5. Déposez les nouilles dans le wok et mélangez. Poursuivez la cuisson 5 minutes. Servez bien chaud.

WOK POISSONS & CRUSTACÉS

CREVETTES
AUX NOIX DE CAJOU

Pour 2 personnes • Préparation : 10 min • Cuisson : 10 min

12 crevettes roses crues décortiquées • 1 échalote • Le jus de ½ citron • 30 g de noix de cajou • 10 g de cacahuètes • 1 c. à café de gingembre frais râpé • 1 c. à café de quatre-épices • 1 c. à soupe de miel • 1 c. à soupe d'huile neutre • Sel

1. Pelez et émincez l'échalote.

2. Faites chauffer l'huile dans un wok puis faites revenir l'échalote 2 minutes à feu moyen.

3. Ajoutez le jus de citron, les noix de cajou, les cacahuètes et les épices. Mélangez et laissez cuire 5 minutes.

4. Ajoutez les crevettes et le miel. Poursuivez la cuisson 2 à 3 minutes jusqu'à ce que les crevettes soient bien roses. Salez et servez aussitôt.

CREVETTES SAUTÉES
À L'AIL

Pour 2 personnes • Préparation : 15 min • Cuisson : 5 min

200 g de crevettes cuites décortiquées • 1 gousse d'ail • ½ c. à café de gingembre frais râpé • 1 c. à soupe de sauce soja • 1 c. à soupe de vinaigre de riz • 1 c. à café de sucre semoule • 1 c. à soupe de coriandre fraîche ciselée • 1 c. à soupe d'huile neutre

1. Rincez les crevettes sous l'eau froide. Épluchez, dégermez et écrasez la gousse d'ail.

2. Faites chauffer l'huile dans un wok puis faites revenir l'ail et le gingembre pendant 2 à 3 minutes à feu vif.

3. Ajoutez les crevettes, la sauce soja, le vinaigre de riz, le sucre et la coriandre. Laissez cuire 2 à 3 minutes.

4. Servez chaud avec du riz basmati.

ASTUCE

Vous pouvez ajouter un peu de sauce piquante à la préparation.

CABILLAUD
AU LAIT DE COCO

Pour 4 personnes • Préparation : 15 min • Cuisson : 20 min

4 pavés de cabillaud • 1 gros oignon • 4 carottes • 40 cl de lait de coco • 2 cuillerées à soupe d'huile d'olive • Sel et poivre

1. Pelez et émincez finement l'oignon.

2. Pelez et coupez les carottes en bâtonnets.

3. Coupez le cabillaud en dés.

4. Faites chauffer l'huile dans un wok puis faites revenir l'oignon 2 ou 3 minutes sur feu moyen. Incorporez les carottes et poursuivez la cuisson 5 minutes à couvert.

5. Ajoutez le poisson, le lait de coco et 20 cl d'eau. Salez, poivrez et mélangez le tout. Laissez cuire 10 minutes. Servez chaud avec du riz.

POÊLÉE DE PÉTONCLES AUX ASPERGES VERTES

Pour 4 personnes • Préparation : 5 min • Cuisson : 7 min

400 g de pétoncles • 200 g d'asperges vertes • 10 brins de coriandre • 1 noix de beurre • Sel et poivre

1. Plongez les asperges dans un grand volume d'eau bouillante durant 2 minutes, puis égouttez-les.

2. Faites chauffer une noix de beurre dans un wok.

3. Faites revenir les pétoncles et les asperges à feu très vif durant 5 minutes maximum en remuant constamment.

4. Assaisonnez à votre gout et servez sans attendre.

CABILLAUD
AUX POIS GOURMANDS

Pour 4 personnes
Préparation : 10 min
Cuisson : 15 min

4 pavés de cabillaud
400 g de pois gourmands
1 gros oignon
4 cuillerées à soupe de sauce soja
2 cuillerées à soupe d'huile d'olive
Sel et poivre

1. Pelez et émincez finement l'oignon.

2. Faites cuire les pois gourmands 5 minutes dans une grande casserole d'eau bouillante salée. Égouttez-les.

3. Coupez le cabillaud en dés.

4. Faites chauffer l'huile dans un wok puis faites revenir l'oignon 2 ou 3 minutes à feu moyen.

5. Ajoutez le poisson et laissez cuire 5 minutes en remuant délicatement pour ne pas casser la chair.

6. Incorporez les pois gourmands, la sauce soja et le poivre. Mélangez et servez aussitôt.

PÉTONCLES AU FENOUIL, ORANGE ET GINGEMBRE

Pour 4 personnes
Préparation : 15 min
Cuisson : 15 min

400 g de noix de pétoncles (fraîches ou surgelées)
2 échalotes
2 bulbes de fenouil
Le jus de 1 orange
2 cuillerées à soupe de nuoc-mâm
3 cuillerées à soupe de miel
1 cuillerée à soupe de gingembre frais râpé
2 cuillerées à soupe d'huile de colza

1. Pelez et émincez finement les échalotes.

2. Emincez les bulbes de fenouil.

3. Faites chauffer l'huile dans un wok puis faites revenir les échalotes et le fenouil 2 minutes à feu vif. Baissez le feu, couvrez et laissez cuire 5 à 10 minutes.

4. Ajoutez le jus d'orange, le nuoc-mâm, le miel et le gingembre. Mélangez bien.

5. Incorporez les noix de pétoncles, couvrez et laissez cuire 3 à 4 minutes en remuant. Servez bien chaud.

PAD THAÏ
AUX CREVETTES

Pour 2 personnes
Préparation : 30 min
Cuisson : 5 min

150 g de nouilles de riz
100 g de petites crevettes crues décortiquées
2 cuillerées à soupe de nuoc-mâm
2 cuillerées à soupe de sauce soja
2 cuillerées à café de cassonade
Le jus de 1 petit citron vert
3 oignons nouveaux
1 gousse d'ail
50 g de pousses de soja
2 œufs
30 g de cacahuètes grillées concassées + 1 cuillerée à soupe pour servir
1 cuillerée à soupe de coriandre fraîche hachée
1 cuillerée à soupe d'huile neutre

1. Réhydratez les nouilles selon les indications mentionnées sur le paquet.

2. Préparez la sauce : dans un bol, mélangez le nuoc-mâm, la sauce soja, la cassonade et le jus de citron vert.

3. Pelez et émincez les oignons.
Pelez et hachez la gousse d'ail.

4. Faites chauffer l'huile dans un wok puis faites revenir les oignons et l'ail 2 à 3 minutes à feu moyen.

5. Ajoutez la sauce, les pousses de soja et les nouilles égouttées. Incorporez ensuite les œufs, les crevettes et les cacahuètes. Mélangez le tout et laissez cuire 3 à 4 minutes jusqu'à ce que la sauce épaississe.

6. Parsemez la préparation de cacahuètes concassées et de coriandre. Servez aussitôt.

CREVETTES AU CHOU CHINOIS
ET AU GINGEMBRE

Pour 4 personnes
Préparation : 10 min
Cuisson : 12 min

200 g de crevettes roses crues
12 belles feuilles de chou chinois
8 petits oignons nouveaux
5 cuillerées à soupe de sauce soja
2 cuillerées à café de nuoc-mâm
1 cuillerée à soupe de gingembre en poudre
1 cuillerée à soupe de sucre semoule
1 cuillerée à soupe d'huile neutre

1. Décortiquez les crevettes en enlevant la tête et en conservant la queue. Incisez le dos et retirez l'intestin. Rincez-les.

2. Lavez les feuilles de chou et coupez-les en lanières.

3. Ciselez finement les oignons.

4. Faites chauffer l'huile dans un wok puis faites revenir les oignons 2 minutes à feu vif. Ajoutez le chou et faites cuire 5 minutes toujours à feu vif en remuant.

5. Versez la sauce soja et le nuoc-mâm dans le wok. Ajoutez le gingembre et le sucre. Incorporez les crevettes et poursuivez la cuisson 5 minutes à feu vif. Servez aussitôt.

CABILLAUD
AU GINGEMBRE

Pour 4 personnes
Préparation : 15 min
Cuisson : 15 min

4 pavés de cabillaud
5 champignons noirs déshydratés
1 échalote
3 cuillerées à soupe d'alcool de riz
1 cuillerée à soupe de nuoc-mâm
1 cuillerée à soupe de gingembre frais râpé
1 cuillerée à soupe d'huile neutre

1. Réhydratez les champignons dans un bol d'eau bouillante pendant 10 minutes. Égouttez-les et émincez-les.

2. Pelez et hachez finement l'échalote.

3. Faites chauffer l'huile dans un wok puis faites revenir l'échalote 2 ou 3 minutes à feu moyen. Déglacez avec l'alcool de riz et le nuoc-mâm. Ajoutez la moitié du gingembre et laissez réduire 2 à 3 minutes. Réservez au chaud.

4. Dans le panier d'un cuit-vapeur, déposez les pavés de poisson et les champignons. Saupoudrez de gingembre. Faites cuire 8 minutes.

5. Au moment de servir, nappez les poissons de sauce.

BROCHETTES DE CREVETTES
AU GINGEMBRE ET AU CITRON

Pour 4 personnes
Préparation : 10 min
Cuisson : 2 min
Repos : 1 h

16 grosses crevettes crues
1 cuillerée à soupe de sauce soja sucrée
1 poignée de feuilles de coriandre fraîche
1 morceau de gingembre frais de 1 cm
½ citron
2 cuillerées à soupe d'huile vierge de noix de coco bio

1. Préparez une marinade avec la sauce soja, le jus de citron, les feuilles de coriandre ciselées et le gingembre râpé.

2. Ôtez la tête, la carapace et les pattes des crevettes. Plongez les crevettes dans la marinade. Réservez au réfrigérateur pendant 1 heure.

3. Enfilez les crevettes sur des piques à brochettes.

4. Versez l'huile de noix de coco dans une poêle chaude, puis après quelques minutes ajoutez les brochettes. Faites cuire chaque côté à feu moyen 1 minute environ.

5. Une fois les crevettes bien roses, ôtez-les et versez la marinade additionnée de 4 cl d'eau dans la poêle. Chauffez 1 minute à feu moyen.

6. Servez les brochettes de crevettes avec la marinade et du riz basmati.

ASTUCE
Pour un effet plus esthétique ne coupez pas les queues des crevettes.

POIS GOURMANDS SAUTÉS
AUX CREVETTES

Pour 3 ou 4 personnes
Préparation : 5 min
Cuisson : 10 min environ

500 g de pois gourmands
100 g de crevettes cuites décortiquées
2 oignons
1 gousse d'ail
3 cuillerées à soupe de nuoc-mâm
2 cuillerées à soupe de menthe fraîche ciselée
2 cuillerées à soupe d'huile neutre
Sel

1. Pelez et émincez finement les oignons. Épluchez, dégermez et écrasez la gousse d'ail.

2. Faites chauffer l'huile dans un wok puis faites revenir les oignons et l'ail pendant 2 à 3 minutes à feu vif.

3. Ajoutez les pois gourmands et la sauce nuoc-mâm. Couvrez et laissez cuire 3 à 4 minutes (versez 2 ou 3 cuillerées à soupe d'eau si la préparation accroche).

4. Incorporez les crevettes, salez et mélangez bien. Servez chaud parsemé de menthe.

CREVETTES À LA CORIANDRE
ET AU LAIT DE COCO

Pour 4 personnes
Préparation : 5 min
Cuisson : 15 min

300 g de crevettes roses crues décortiquées
1 oignon
½ cuillerée à café de curcuma
½ cuillerée à café de cumin
½ cuillerée à café de coriandre moulue
15 cl de lait de coco
1 cuillerée à soupe de coriandre fraîche hachée
1 cuillerée à soupe d'huile neutre
Sel et poivre

1. Pelez et émincez finement l'oignon.

2. Faites chauffer l'huile dans un wok puis faites fondre l'oignon 2 à 3 minutes à feu moyen.

3. Ajoutez les épices et mélangez. Versez le lait de coco et 5 cl d'eau. Couvrez et laissez mijoter 10 minutes à feu doux.

4. Salez et poivrez. Incorporez les crevettes et poursuivez la cuisson 2 minutes.

5. Parsemez les crevettes de coriandre hachée. Servez aussitôt avec du riz.

RAVIOLIS AU CRABE

Pour 15 raviolis • Préparation : 15 min • Trempage : 1 h • Cuisson : 50 min

15 feuilles à raviolis (pâte won-ton) • 200 g de chair de crabe • 50 g de haricots de soja noir • 1 c. à soupe de sauce soja • 1 c. à soupe de nuoc-mâm • 1 c. à café de gingembre frais râpé • 1 c. à soupe de cacahuètes concassées • Sel

1. Faites tremper les haricots pendant 1 heure dans de l'eau froide. Égouttez-les puis faites-les cuire 45 minutes à feu vif dans de l'eau bouillante salée.

2. Mélangez la chair de crabe avec les haricots, les sauces, le gingembre et les cacahuètes.

3. Répartissez 1 cuillerée à soupe de ce mélange au centre de chaque feuille à raviolis. Refermez-les en badigeonnant les bords avec un peu d'eau pour bien les souder.

4. Mettez de l'eau à chauffer dans un wok. Déposez un panier vapeur en bambou par-dessus et faites cuire les raviolis pendant 5 minutes. Servez aussitôt.

POTAGE DE MAÏS
AU CRABE

Pour 4 personnes • Préparation : 5 min • Cuisson : 5 min environ

300 g de maïs en boîte • 180 g de chair de crabe • 1 litre de bouillon de volaille • 1 c. à soupe de Maïzena • 2 c. à soupe de lait • 60 g de vermicelles de riz

1. Dans un wok, portez à ébullition le bouillon de volaille.

2. Mixez la moitié du maïs jusqu'à l'obtention d'une fine crème (ajoutez un peu de bouillon si nécessaire).

3. Délayez la Maïzena avec le lait puis incorporez-la au bouillon. Ajoutez la crème de maïs, le maïs en grains restant, le crabe et les vermicelles de riz. Laissez mijoter 3 à 4 minutes à feu moyen. Servez aussitôt.

SALADE DE CREVETTES
À L'ANANAS

Pour 4 personnes
Préparation : 10 min
Cuisson : 2 min

250 g de petites crevettes crues
350 g de carottes
1 chou chinois
½ ananas
Le jus de ½ citron
1 cuillerée à soupe de nuoc-mâm
3 cuillerées à soupe d'huile de colza
Sel et poivre

1. Pelez et râpez les carottes.

2. Émincez finement le chou chinois.

3. Enlevez la peau de l'ananas et coupez-le en petits dés.

4. Décortiquez les crevettes.

5. Faites chauffer 1 cuillerée à soupe d'huile de colza dans un wok puis faites revenir les crevettes 2 minutes environ à feu vif jusqu'à ce qu'elles soient roses.

6. Dans un saladier, mélangez les carottes, le chou et l'ananas. Ajoutez les crevettes. Assaisonnez avec le jus de citron, le nuoc-mâm, le reste d'huile, du sel et poivre. Mélangez le tout et servez.

TEMPURA DE CREVETTES

Pour 4 personnes
Préparation : 15 min
Cuisson : 15 min

20 crevettes roses crues
50 g de farine
20 g de Maïzena
1 petit œuf
7 cl d'eau glacée
Huile de friture

1. Préparez la pâte à tempura : dans un saladier, mélangez la farine et la Maïzena. Dans un bol, battez l'œuf avec l'eau glacée. Versez un peu de ce mélange dans le saladier et écrasez avec une cuillère ou une fourchette pour bien amalgamer les ingrédients. Ajoutez peu à peu le reste du liquide.

2. Décortiquez les crevettes en enlevant la tête et en conservant la queue. Incisez le dos et retirez l'intestin. Rincez-les.

3. Faites chauffer l'huile de friture dans un wok.

4. Trempez chaque crevette dans la pâte à tempura (sans enrober la queue).

5. Plongez les crevettes dans l'huile de friture bien chaude (4 ou 5 à la fois) et laissez frire 2 à 3 minutes. Retirez-les avec une écumoire ou des baguettes et égouttez-les sur du papier absorbant.

RAVIOLIS AUX CREVETTES
ET AU PORC

Pour 15 raviolis
Préparation : 10 min
Cuisson : 5 min

50 g de crevettes cuites décortiquées
120 g de filet de porc
3 champignons noirs déshydratés
1 petite carotte
1 gousse d'ail
2 cuillerées à soupe de sauce soja
1 cuillerée à soupe de vinaigre de riz
15 feuilles à raviolis (pâte won-ton)

1. Réhydratez les champignons dans un bol d'eau bouillante pendant 10 minutes.

2. Pelez et râpez la carotte. Épluchez, dégermez et hachez la gousse d'ail. Mixez grossièrement le porc et les crevettes. Coupez les champignons en petits morceaux. Mélangez tous ces ingrédients avec la sauce soja et le vinaigre.

3. Répartissez 1 cuillerée à soupe de ce mélange au centre de chaque feuille à raviolis. Refermez-les en badigeonnant les bords avec un peu d'eau pour bien les souder.

4. Mettez de l'eau à chauffer dans un wok. Déposez un panier vapeur en bambou par-dessus et faites cuire les raviolis pendant 5 minutes. Servez aussitôt.

NOUILLES AUX CREVETTES PIMENTÉES

Pour 4 personnes
Préparation : 20 min
Cuisson : 15 min

450 g de grosses crevettes crues
350 g de nouilles chinoises
1 oignon
1 petit poivron rouge
1 petit piment rouge
2 cuillerées à soupe de miel
3 cuillerées à soupe de nuoc-mâm
2 cuillerées à soupe d'huile neutre

1. Pelez et émincez l'oignon.

2. Lavez le poivron et le piment. Emincez-les (retirez les graines du piment pour que le plat soit moins fort).

3. Ôtez la tête des crevettes et décortiquez-les en conservant la queue.

4. Faites cuire les nouilles selon les indications mentionnées sur le paquet.

5. Faites chauffer l'huile dans un wok puis faites revenir l'oignon, le poivron et le piment 5 minutes à feu moyen.

6. Ajoutez les crevettes, le miel et le nuoc-mâm. Mélangez le tout et laissez cuire 2 minutes.

7. Incorporez les nouilles égouttées et servez aussitôt.

VERMICELLES DE RIZ
AUX CREVETTES

Pour 4 personnes
Préparation : 10 min
Cuisson : 5 à 10 min

200 g de vermicelles de riz
200 g de petites crevettes cuites décortiquées
1 oignon
1 poivron rouge
2 cuillerées à soupe de sauce soja
1 cuillerée à café de gingembre moulu
Quelques feuilles de coriandre
2 cuillerées à soupe d'huile neutre

1. Pelez et émincez l'oignon.

2. Lavez le poivron et coupez-le en lamelles.

3. Faites cuire les vermicelles selon les indications mentionnées sur le paquet.

4. Pendant ce temps, faites chauffer l'huile dans un wok puis faites revenir l'oignon et le poivron 5 minutes à feu moyen. Ajoutez la sauce soja, le gingembre et les crevettes.

5. Égouttez les vermicelles et incorporez-les à la préparation. Décorez de feuilles de coriandre et servez aussitôt.

RIZ CANTONAIS

Pour 4 personnes
Préparation : 15 min
Cuisson : 25 min environ

250 g de riz parfumé ou basmati
100 g de crevettes cuites et décortiquées
500 g de petits pois
2 œufs
2 tranches de jambon
1 cuillerée à soupe de sauce soja
1 cuillerée à soupe de nuoc-mâm
2 cuillerées à soupe d'huile neutre
Sel

1. Écossez les petits pois. Faites cuire séparément les petits pois et le riz dans de l'eau bouillante salée (comptez 6 minutes pour les petits pois et 10 minutes environ pour le riz). Égouttez-les et passez-les rapidement sous l'eau froide pour stopper la cuisson.

2. Battez les œufs à la fourchette. Faites-les cuire en omelette dans un wok, avec 1 cuillerée à soupe d'huile. Coupez l'omelette et le jambon en petits dés.

3. Dans le wok, mélangez les petits pois, le riz, l'omelette, le jambon et les crevettes. Faites revenir le tout à feu moyen avec le reste d'huile.

4. Ajoutez les sauces et mélangez. Servez bien chaud.

RIZ GLUANT
AUX CREVETTES

Pour 4 personnes
Préparation : 5 min
Trempage : 1 h
Cuisson : 50 min

200 g de riz gluant cuit et froid
100 g de crevettes cuites et décortiquées
75 g de haricots de soja noir
1 cuillerée à café de coriandre en poudre
2 cuillerées à soupe de persil ciselé
3 cuillerées à soupe de sauce soja
2 cuillerées à soupe de nuoc-mâm
2 cuillerées à soupe d'huile neutre
Sel

1. Faites tremper les haricots pendant 1 heure dans de l'eau froide.

2. Égouttez les haricots puis faites-les cuire 45 minutes à l'eau bouillante salée.

3. Dans un wok, réchauffez le riz avec l'huile.

4. Ajoutez les crevettes, les haricots, la coriandre et le persil. Mélangez puis incorporez les sauces. Salez et servez aussitôt.

ASTUCE

Il est préférable d'avoir du riz déjà cuit puis refroidi. Lorsqu'il est bien froid, le riz colle moins.

BOUILLON THAÏ AUX CREVETTES

Pour 4 personnes
Préparation : 10 min
Cuisson : 10 min

1 litre de bouillon de légumes
180 g de crevettes crues
60 g de vermicelles de soja
1 poivron rouge (100 g)
1 cuillerée à soupe de gingembre frais râpé
1 cuillerée à soupe de nuoc-mâm
2 cuillerées à soupe de sauce soja

1. Dans un wok, portez à ébullition le bouillon de légumes.

2. Émincez le poivron en fines lanières.
Plongez-les dans le bouillon en ébullition.

3. Ajoutez le gingembre et les sauces.
Laissez frémir 5 minutes à feu doux.

4. Décortiquez les crevettes en conservant les queues.
Incorporez les crevettes et les vermicelles au bouillon.
Portez à ébullition à nouveau, puis éteignez le feu.

5. Couvrez et laissez reposer 5 minutes avant de servir.

LOTTE
AU CARAMEL

Pour 2 personnes • Préparation : 5 min • Cuisson : 8 min

350 g de filet de lotte • 1 c. à soupe de sucre semoule • 1 c. à café de gingembre moulu • 2 c. à soupe de sauce soja • 1 c. à soupe de nuoc-mâm • 1 c. à soupe d'huile neutre

1. Retirez la peau des filets de lotte et coupez-la en gros cubes.

2. Faites fondre le sucre dans un wok à feu vif jusqu'à l'obtention d'un caramel légèrement doré. Baissez le feu, ajoutez le gingembre, la sauce soja, l'huile et le nuoc-mâm. Mélangez le tout.

3. Incorporez les cubes de lotte, couvrez et laissez cuire environ 5 minutes. Servez avec du riz thaï ou basmati.

ASTUCE

Vous pouvez ajouter un oignon émincé au caramel.

MÉDAILLON DE LOTTE
AUX AGRUMES

Pour 4 personnes • Préparation : 20 min • Cuisson : 10 min

800 g de queue de lotte sans l'arête centrale • 1 citron • 1 orange • 15 cl de vin blanc • 2 c. à soupe de persil ciselé • 2 c. à soupe d'huile d'olive • Sel et poivre

1. Retirez la peau noire de la lotte et coupez-la en morceaux de taille moyenne. Prélevez les zestes et le jus du citron et de l'orange.

2. Faites chauffer l'huile dans le wok. Faites-y dorer les morceaux de lotte. Réservez-les.

3. Déglacez le wok avec le vin blanc. Ajoutez les zestes et le jus des agrumes. Portez le mélange à ébullition.

4. Déposez les morceaux de lotte dans le wok et laissez mijoter 5 minutes sur feu moyen. Servez chaud, parsemé de persil ciselé.

SOUPE DE CREVETTES AIGRE-DOUCE

Pour 2 personnes
Préparation : 5 min
Cuisson : 5 min

8 crevettes géantes crues (type gambas)
½ bouquet de coriandre
½ cuillerée à café de pâte de curry rouge
1 pincée de curcuma
Le jus de ½ citron vert
1 cuillerée à café de sucre roux
1 cuillerée à soupe de nuoc-mâm
1 cuillerée à soupe d'huile neutre

1. Rincez et hachez grossièrement la coriandre.

2. Décortiquez les crevettes.

3. Dans une casserole, délayez la pâte de curry et le curcuma en ajoutant progressivement 40 cl d'eau. Incorporez la coriandre et portez ce mélange à ébullition.

4. Dans un wok, faites dorer les crevettes avec l'huile 2 minutes environ à feu vif jusqu'à ce qu'elles soient roses. Arrosez-les de jus de citron vert et saupoudrez de sucre. Faites cuire encore 1 minute en remuant.

5. Déposez les crevettes avec leur jus dans le bouillon à la coriandre. Ajoutez le nuoc-mâm et mélangez. Servez bien chaud.

NEMS
AU CRABE

Pour 12 nems
Préparation : 20 min
Cuisson : 15 min environ

12 feuilles de riz
40 g de vermicelles de riz
150 g de chair de crabe
1 petite carotte
1 petit oignon nouveau
1 gousse d'ail
30 g de pousses de soja
1 cuillerée à café de gingembre frais râpé
2 cuillerées à soupe de sauce soja
1 cuillerée à soupe de nuoc-mâm
1 cuillerée à soupe de menthe ciselée
Huile de friture
Salade et menthe pour servir

1. Faites tremper les vermicelles 15 minutes dans de l'eau tiède. Égouttez-les et coupez-les en morceaux d'environ 2 centimètres. Pelez et râpez la carotte. Épluchez et hachez l'oignon et la gousse d'ail dégermée. Dans un bol, mélangez tous les ingrédients.

2. Trempez 1 feuille de riz dans une assiette d'eau chaude. Une fois ramollie, déposez un peu de farce au milieu de la feuille, refermez en repliant les deux côtés et roulez en serrant bien. Réalisez ainsi les autres nems.

3. Faites chauffer l'huile dans un wok. Plongez les nems et faites-les dorer pendant 4 à 5 minutes. Égouttez-les sur du papier absorbant.

4. Servez avec de la salade et des feuilles de menthe.

CREVETTES
À LA SAUCE PIQUANTE

Pour 2 personnes
Préparation : 10 min
Cuisson : 10 min

300 g de crevettes roses crues
2 petites carottes
50 g de poivron rouge
2 cuillerées à soupe rases de Maïzena
1 cuillerée à soupe de purée de piment (à doser selon votre goût)
15 cl de bouillon de légumes ou de fumet de poisson
2 cl de sauce soja
1 cuillerée à café de nuoc-mâm
1 ou 2 cuillerées à soupe d'huile neutre

1. Décortiquez les crevettes en enlevant la tête et en conservant la queue. Incisez le dos et retirez l'intestin. Rincez-les.

2. Pelez les carottes et coupez-les en fine julienne.

3. Coupez le poivron en tout petits dés.

4. Faites chauffer l'huile dans un wok puis faites revenir les carottes et les dés de poivron 3 minutes à feu vif en remuant. Ajoutez les crevettes et laissez cuire 2 minutes.

5. Pendant ce temps, délayez la Maïzena et la purée de piment avec le bouillon.

6. Versez la sauce soja et le nuoc-mâm dans le wok. Ajoutez le mélange à base de purée de piment et portez à ébullition. Servez bien chaud.

RIZ CANTONAIS
AU CRABE

Pour 4 personnes
Préparation : 20 min
Cuisson : 15 min

90 g de riz basmati
120 g de chair de crabe
100 g de petites crevettes roses cuites
120 g de petits pois écossés
3 petits oignons doux
2 œufs
2 cuillerées à soupe de sauce soja
1 cuillerée à café de nuoc-mâm
4 cuillerées à soupe d'huile neutre
Sel

1. Plongez le riz dans une grande casserole d'eau bouillante salée et faites cuire 2 à 3 minutes. Ajoutez les petits pois et continuez la cuisson 8 minutes. Égouttez le tout.

2. Pelez et émincez les oignons.

3. Dans un saladier, battez les œufs à la fourchette avec la sauce soja et le nuoc-mâm. Faites-les cuire dans une poêle en une fine omelette avec 2 cuillerées à soupe d'huile. Roulez l'omelette sur elle-même et coupez-la en lanières.

4. Faites chauffer le reste d'huile dans un wok puis faites revenir les oignons 2 minutes à feu moyen. Ajoutez le riz aux petits pois, la chair de crabe, les crevettes et les lanières d'omelette. Faites sauter le tout 2 à 3 minutes. Servez bien chaud.

NOIX DE SAINT-JACQUES
AUX PETITS LÉGUMES

Pour 4 personnes
Préparation : 15 min
Cuisson : 20 min

400 g de noix de Saint-Jacques
2 échalotes
1 brocoli (300 g)
1 petit poivron rouge
1 cuillerée à soupe de gingembre frais râpé
2 cuillerées à soupe de nuoc-mâm
2 cuillerées à soupe d'huile de colza
30 g de cacahuètes concassées

1. Pelez et émincez finement les échalotes.

2. Lavez le brocoli et coupez-le en bouquets.

3. Lavez le poivron et coupez-le en cubes.

4. Faites chauffer l'huile dans un wok puis faites revenir les échalotes et les légumes 2 minutes à feu vif. Baissez le feu, couvrez et laissez cuire 5 à 10 minutes jusqu'à ce qu'ils soient tendres.

5. Ajoutez les noix de Saint-Jacques, le gingembre et le nuoc-mâm. Mélangez, couvrez et laissez cuire 3 à 4 minutes.

6. Parsemez de cacahuètes concassées et servez bien chaud.

SOUPE DE CREVETTES
AU LAIT DE COCO

Pour 3 ou 4 personnes
Préparation : 15 min
Cuisson : 10 min environ

500 g de grosses crevettes cuites
½ cuillerée à café de piment doux en poudre + un peu pour servir
½ cuillerée à café de coriandre en poudre
25 cl de lait de coco
25 cl de bouillon de volaille
2 bâtons de citronnelle
2 cuillerées à soupe de nuoc-mâm
1 cuillerée à café de sauce soja
1 cuillerée à soupe d'huile neutre
Sel et poivre

1. Décortiquez les crevettes en gardant la queue.

2. Faites chauffer l'huile dans un wok puis faites revenir les crevettes avec le piment et la coriandre 5 minutes à feu vif.

3. Ajoutez le lait de coco, le bouillon de volaille, la citronnelle et les sauces. Laissez mijoter 5 minutes à feu moyen.

4. Salez et poivrez selon votre goût. Retirez la citronnelle et saupoudrez de piment avant de servir.

BOUILLON AU POISSON
ET AUX VERMICELLES

Pour 4 personnes
Préparation : 15 min
Cuisson : 10 min

2 pavés de cabillaud (250 g)
200 g de vermicelles de riz
1 échalote
4 feuilles de salade
4 tiges de citronnelle
1 litre de bouillon de légumes
1 cuillerée à soupe de nuoc-mâm
3 cuillerées à soupe de sauce soja

1. Coupez les pavés de cabillaud en petits cubes.

2. Pelez et émincez l'échalote. Lavez et coupez la salade en lanières.

3. Pelez et coupez les tiges de citronnelle en 4 tronçons et liez-les ensemble pour faire un fagot.

4. Dans un wok, portez à ébullition le bouillon de légumes. Ajoutez l'échalote et la citronnelle. Laissez cuire 5 minutes à feu moyen.

5. Ajoutez les sauces, les vermicelles, la salade émincée et le poisson. Portez à ébullition.

6. Écumez la surface du bouillon pour le clarifier. Retirez le fagot de citronnelle. Servez bien chaud.

THON BLANC MI-CUIT
AU SÉSAME

Pour 4 personnes
Préparation : 15 min
Cuisson : 15 min

4 pavés de thon blanc albacore
1 échalote
350 g de fèves décortiquées
Le jus de ½ citron vert
2 cuillerées à soupe de sauce soja
2 cuillerées à soupe de graines de sésame
4 cuillerées à soupe d'huile neutre
Sel

1. Pelez et émincez finement l'échalote.

2. Faites cuire les fèves 10 minutes dans une grande casserole d'eau bouillante salée. Égouttez-les et pelez-les.

3. Coupez les pavés de thon en dés.

4. Faites chauffer l'huile dans un wok puis faites revenir l'échalote 2 ou 3 minutes à feu moyen.

5. Incorporez le poisson et laissez cuire 5 minutes en remuant délicatement pour ne pas casser la chair.

6. Ajoutez les fèves, le jus de citron, la sauce soja et les graines de sésame. Mélangez le tout et servez aussitôt.

LOTTE,
SAUCE AU GINGEMBRE

Pour 2 personnes • Préparation : 15 min • Cuisson : 25 min

250 g de lotte (sans l'os) • 1 oignon • 1 tomate • 1 c. à café de fumet de poisson • ½ c. à café de gingembre • 5 cl de vin blanc • 15 cl de lait de coco • Huile

1. Coupez la lotte en gros morceaux. Pelez et émincez finement l'oignon. Coupez la tomate en petits cubes.

2. Dans un wok chaud, faites revenir l'oignon dans un peu d'huile. Puis ajoutez la tomate, la lotte, le fumet de poisson et le gingembre. Laissez cuire 2 minutes.

3. Ajoutez le vin blanc, le lait de coco, couvrez et laisser mijoter 15 minutes.

4. Servez avec du riz.

QUEUE DE LOTTE
AU CURRY

Pour 4 personnes • Préparation : 5 min • Cuisson : 30 min

1 queue de lotte de 800 g • 1 oignon • 1 belle tomate • 1 c. à café de curry • 10 cl de lait de coco • 1 c. à soupe d'huile • Sel et poivre

1. Pelez et émincez finement l'oignon. Coupez la tomate en petits cubes.

2. Faites revenir les oignons dans un wok avec l'huile. Ajoutez la tomate et le curry, salez, poivrez et poursuivez la cuisson 5 min.

3. Ajoutez le lait de coco, 10 cl d'eau et portez le mélange à ébullition. Déposez la queue de lotte et faites cuire environ 20 minutes sur feu moyen.

4. Servez chaud, avec du riz.

WOK
À LA VIANDE

DINDE AUX CAROTTES
ET AU MIEL

Pour 4 personnes
Préparation : 20 min
Cuisson : 15 min

4 escalopes de dinde
3 carottes (environ 300 g)
1 gros oignon
3 cuillerées à soupe de miel
2 cuillerées à soupe de sauce soja
1 cuillerée à café de gingembre frais râpé
2 cuillerées à soupe d'huile d'olive

1. Coupez les escalopes en fines lanières.

2. Pelez et émincez finement l'oignon.

3. Pelez les carottes et coupez-les en bâtonnets.

4. Faites chauffer l'huile dans un wok puis faites revenir l'oignon 2 à 3 minutes à feu moyen.

5. Incorporez les carottes, couvrez et laissez cuire 5 à 10 minutes à feu moyen.

6. Ajoutez la viande, le miel, la sauce soja et le gingembre. Mélangez et poursuivez la cuisson pendant environ 5 minutes. Servez chaud avec du riz.

BŒUF SAUTÉ
À LA CITRONNELLE ET CACAHUÈTES

Pour 4 personnes
Préparation : 10 min
Cuisson : 10 min

500 g de rumsteck de bœuf
2 oignons
2 tiges de citronnelle fraîche
2 cuillerées à soupe de sauce soja
4 cuillerées à soupe d'huile
3 cuillerées à soupe de cacahuètes hachées
Sel

1. Émincez la viande en fines lamelles. Pelez et émincez les oignons. Coupez les tiges de citronnelle en tronçons de 3 cm.

2. Faites chauffer deux cuillères à soupe d'huile dans un wok. Déposez la viande et laissez-la chauffer avant de la remuer. Retirez-la du wok lorsqu'elle est bien dorée.

3. Ajoutez deux cuillères à soupe d'huile dans le wok et faites-y revenir les oignons. Salez, ajoutez les tiges de citronnelle et laissez cuire quelques minutes.

4. Versez la sauce soja, ajoutez 5 cl d'eau, la viande et laissez cuire 3 minutes. Servez chaud, saupoudré de cacahuètes hachées.

BŒUF SAUTÉ
AU CHOU CHINOIS

Pour 4 personnes
Préparation : 10 min
Marinade : 2 à 3 h
Cuisson : 10 min

500 g de rumsteak de bœuf
½ chou chinois
1 chou pak-choï
2 cuillerées à soupe de sauce soja
2 cuillerées à soupe de vinaigre de riz
1 cuillerée à soupe de miel
3 cuillerées à soupe d'huile de sésame
1 cuillerée à café de sucre
1 oignon
1 cuillerée à café de gingembre frais râpé
4 cuillerées à soupe d'huile d'olive
Sel

1. Émincez la viande en fines lamelles. Placez-les dans un saladier avec la sauce soja, le vinaigre de riz, le miel, l'huile de sésame et le sucre. Laissez mariner 2 à 3 heures. Égouttez la viande et réservez la marinade.

2. Pelez et émincez finement l'oignon. Émincez les choux.

3. Faites chauffer 2 cuillerées à soupe d'huile d'olive dans un wok puis saisissez les lamelles de bœuf 2 à 3 minutes à feu vif. Réservez sur une assiette.

4. Versez le reste d'huile dans le wok et faites revenir les oignons. Salez. Ajoutez les choux, le gingembre et laissez cuire 5 minutes à couvert, sur feu moyen.

5. Incorporez la marinade et la viande. Mélangez et faites cuire encore 2 minutes. Servez aussitôt.

ASTUCE
Pour ajouter de la fraîcheur à votre plat, parsemez-le de basilic thaï.

BŒUF
À L'OIGNON

Pour 2 personnes
Préparation : 10 min
Marinade : 2 h
Cuisson : 15 min environ

250 g de rumsteak de bœuf
1 ½ cuillerée à café de Maïzena
1 cuillerée à soupe de vinaigre de riz
1 cuillerée à soupe d'huile de sésame
2 cuillerées à soupe de sauce soja
1 cuillerée à café de sucre semoule
1 cuillerée à café de gingembre moulu
1 gousse d'ail
2 oignons moyens
2 cuillerées à soupe d'huile neutre
Sel et poivre

1. Émincez le bœuf en fines lamelles.

2. Dans un saladier, délayez la Maïzena dans 12 cl d'eau froide. Ajoutez le vinaigre, l'huile de sésame, la sauce soja, le sucre et le gingembre. Faites mariner le bœuf dans cette sauce pendant 2 heures au réfrigérateur en remuant de temps en temps.

3. Faites chauffer l'huile dans un wok puis saisissez les lamelles de bœuf 2 à 3 minutes à feu vif. Réservez sur une assiette.

4. Pelez et émincez les oignons. Sur feu moyen, faites-les revenir dans le wok jusqu'à ce qu'ils soient tendres. Ajoutez la gousse d'ail dégermée et écrasée, puis remettez la viande et la sauce. Remuez bien et servez chaud.

BŒUF AUX PETITS POIS
ET AU POIVRON

Pour 2 personnes • Préparation : 20 min • Cuisson : 15 min environ

250 g de rumsteak de bœuf • 250 g de petits pois frais • ½ poivron rouge • 1 oignon • 1 c. à soupe de sauce soja • 1 c. à soupe de Maïzena • 2 c. à soupe d'huile neutre • Sel et poivre

1. Émincez finement le bœuf. Écossez les petits pois.

2. Coupez le poivron et l'oignon en fines lamelles.

3. Dans un wok, faites revenir l'oignon, le poivron et les petits pois 3 minutes à feu vif dans l'huile.

4. Ajoutez la sauce soja puis la Maïzena délayée dans 7 cl d'eau froide. Laissez cuire 5 minutes.

5. Incorporez les lamelles de bœuf et poursuivez la cuisson 5 minutes.

6. Salez et poivrez. Servez chaud.

CURRY DE BŒUF

Pour 4 personnes • Préparation : 5 min • Cuisson : 15 min environ

350 g de bœuf haché • 1 oignon nouveau • 1 gousse d'ail • 1 c. à café de cannelle • 1 c. à café de curry • 1 c. à café de coriandre en poudre • 1 c. à café de gingembre frais râpé • 1 c. à café de cumin moulu • 2 c. à soupe de sauce soja • 20 cl de lait de coco • 2 c. à soupe d'huile neutre • Sel

1. Pelez et émincez finement l'oignon. Épluchez, dégermez et écrasez la gousse d'ail.

2. Faites chauffer l'huile dans un wok puis faites revenir l'oignon et l'ail à feu moyen.

3. Incorporez les épices et laissez revenir 1 minute. Versez 5 cl d'eau, la sauce soja et le lait de coco. Laissez mijoter 5 minutes sur feu doux.

4. Ajoutez la viande hachée, salez et poursuivez la cuisson 5 minutes. Servez avec du riz basmati.

ASTUCE

Servez avec du riz basmati ou des nouilles chinoises.

BO BUN

Pour 4 personnes
Préparation : 10 min
Marinade : 30 min
Cuisson : 10 min

250 g de rumsteak de bœuf
140 g de vermicelles de soja
2 carottes
200 g de salade verte
8 nems au porc ou au poulet (voir recettes p. 138 et 162)
2 cuillerées à soupe de jus de citron
2 cuillerées à soupe de nuoc-mâm
5 cuillerées à soupe de sauce soja
1 pincée de sucre semoule
2 cuillerées à soupe de cacahuètes concassées
Sauce pour rouleaux de printemps pour servir

1. Coupez le bœuf en lanières. Déposez-les dans un plat creux et faites-les mariner avec le jus de citron, le nuoc-mâm, la sauce soja et le sucre pendant 30 minutes.

2. Égouttez le surplus de sauce et faites revenir les lanières de bœuf dans un wok bien chaud 5 minutes à feu vif en remuant.

3. Plongez les vermicelles dans un bol d'eau bouillante pendant 5 minutes. Égouttez-les et coupez-les en tronçons de 4 cm.

4. Pelez les carottes et coupez-les en bâtonnets.

5. Répartissez la salade émincée et les vermicelles dans de grands bols. Ajoutez les carottes et les nems chauds coupés en trois. Déposez la viande sur le dessus.

6. Parsemez de cacahuètes concassées. Servez aussitôt avec de la sauce pour rouleaux de printemps.

BRIOCHES VAPEUR
AU BŒUF

Pour 4 personnes
Préparation : 30 min
Repos de la pâte : 1 h 30
Cuisson : 20 min environ

2 steaks hachés
1 petite carotte
½ sachet de levure de boulanger
225 g de farine
1 cuillerée à café de gingembre frais râpé
1 cuillerée à soupe de sauce soja
1 cuillerée à soupe de vinaigre de riz

1. Réhydratez la levure dans 3 cuillerées à soupe d'eau tiède pendant 15 minutes.

2. Dans un saladier, mélangez la farine avec 12,5 cl d'eau et la levure. Pétrissez bien la pâte pour avoir un mélange souple et homogène. Laissez-la lever dans un endroit tiède pendant 1 h 30.

3. Pelez et coupez la carotte en petits dés. Mélangez-les à la viande hachée. Ajoutez le gingembre, la sauce soja et le vinaigre de riz. Mélangez le tout puis formez 4 boules.

4. Partagez la pâte en 4 portions. Prenez 1 portion, travaillez-la et aplatissez-la. Entourez 1 boule de viande avec cette pâte, fermez bien les bords en les humidifiant un peu. Répétez l'opération avec les trois autres portions.

5. Posez les brioches sur des petits carrés de papier sulfurisé et faites-les cuire 20 minutes à la vapeur, dans un panier en bambou placé sur un wok rempli d'eau bouillante. Servez aussitôt.

FILET MIGNON DE PORC
AU POIVRE DE SICHUAN

Pour 3 à 4 personnes
Préparation : 10 min
Cuisson : 10 min

450 g de filet mignon de porc
1 cuillerée à café de Maïzena
10 cl de bouillon de poule
½ bouquet de coriandre
1 cuillerée à soupe de miel
2 cuillerées à soupe de sauce soja
4 cuillerées à soupe d'huile
Poivre de Sichuan moulu

1. Émincez le porc en fines tranches. Saupoudrez-les de poivre de Sichuan.

2. Dans un bol, délayez la Maïzena dans le bouillon de poule.

3. Lavez et hachez la coriandre.

4. Faites chauffer l'huile dans un wok puis saisissez les tranches de viande 5 minutes environ de chaque côté à feu vif, en procédant en plusieurs fois.

5. Arrosez la viande de miel et de sauce soja. Ajoutez le bouillon de poule et faites cuire à feu vif 3 minutes en remuant.

6. Parsemez la viande de coriandre et servez bien chaud.

FILET MIGNON DE PORC
AU MIEL

Pour 4 personnes • Préparation : 10 min • Marinade : 2 h • Cuisson : 5 min environ

500 g de filet mignon de porc • 3 c. à soupe d'huile neutre • Marinade : 3 c. à soupe de sauce soja • 3 c. à soupe de miel • 1 c. à soupe d'huile • 2 gousses d'ail dégermées et écrasées • Sel et poivre

1. Coupez le filet mignon en tranches.

2. Préparez la marinade en mélangeant tous les ingrédients dans un saladier.

3. Faites mariner la viande pendant 2 heures au réfrigérateur en remuant de temps en temps.

4. Faites chauffer l'huile dans un wok puis faites cuire les tranches de porc à feu vif pendant 5 minutes.

5. Servez bien chaud avec des nouilles.

FILET MIGNON DE PORC
AU LAIT DE COCO ET ÉPINARDS

Pour 4 personnes • Préparation : 10 min • Cuisson : 10 min

1 filet mignon de porc (450 g) • 80 g de pousses d'épinards • 1 oignon •
2 c. à soupe de sauce soja • 40 cl de lait de coco • Poivre

1. Pelez et coupez l'oignon en rondelles. Émincez le filet mignon en fines tranches.

2. Dans un wok, faites revenir l'oignon 2 minutes dans un filet d'huile. Ajoutez la viande et laissez cuire 5 minutes sur feu vif en remuant de temps en temps.

3. Ajoutez la sauce soja, remuez bien puis versez le lait de coco.

4. Quand le lait commence à bouillir, ajoutez les pousses d'épinards, couvrez et laissez cuire 5 minutes.

5. Saupoudrez de poivre et servez sans attendre avec des vermicelles.

BOULETTES D'AGNEAU
AU POIVRON ET AUX ÉPICES

Pour 4 personnes
Préparation : 15 min
Cuisson : 5 min

400 g d'épaule d'agneau désossée
1 oignon
½ poivron rouge
1 cuillerée à soupe de gingembre frais râpé
½ cuillerée à café de cannelle
½ cuillerée à café de cumin moulu
½ cuillerée à café de paprika
3 cuillerées à soupe d'huile neutre
Sel et poivre

1. Pelez et coupez l'oignon en lamelles.

2. Coupez le poivron en morceaux.

3. Coupez la viande en cubes.

4. Mixez la viande, le poivron et l'oignon avec les épices, du sel et du poivre jusqu'à l'obtention d'un mélange homogène.

5. Avec la préparation, façonnez des boulettes dans le creux de votre main.

6. Faites chauffer l'huile dans un wok puis faites dorer les boulettes 3 à 5 minutes à feu vif. Servez aussitôt avec du riz.

NEMS AU PORC
ET PETITS POIS

Pour 8 nems
Préparation : 30 min
Cuisson : 15 min environ

8 feuilles de riz
1 côte de porc (180 g environ)
3 petits champignons noirs déshydratés
20 g de vermicelles de soja
80 g de petits pois écossés
80 g de germes de soja
1 cuillerée à café de nuoc-mâm
1 cuillerée à soupe de sauce soja
1 cuillerée à soupe d'huile neutre
Huile de friture
Sel
Salade et menthe pour servir

1. Réhydratez les champignons dans un bol d'eau bouillante 10 minutes. Dans un autre bol d'eau bouillante, plongez les vermicelles 10 minutes. Faites cuire les petits pois 10 minutes dans une casserole d'eau bouillante salée. Désossez la côte de porc et découpez-la en lamelles.

2. Dans un wok huilé faites revenir le porc 3 minutes à feu vif. Ajoutez le soja, les petits pois égouttés et les sauces. Laissez cuire 2 minutes en remuant. Retirez le wok du feu.

3. Égouttez les champignons et émincez-les. Égouttez les vermicelles et coupez-les en tronçons de 4 cm. Versez le tout dans le wok.

4. Trempez 1 feuille de riz dans une assiette d'eau chaude. Une fois ramollie, déposez un peu de farce au milieu de la feuille, refermez en repliant les deux côtés et roulez. Réalisez les autres nems.

5. Faites chauffer l'huile dans un wok. Plongez les nems et faites-les dorer 4 à 5 minutes. Égouttez-les sur du papier absorbant. Dégustez avec des feuilles de salade et de menthe.

BOUILLON DE POULET
À LA CITRONNELLE

Pour 4 personnes
Préparation : 15 min
Cuisson : 10 min

2 blancs de poulet (250 g)
3 champignons noirs déshydratés
2 échalotes
4 tiges de citronnelle
1 litre de bouillon de légumes
1 cuillerée à soupe de nuoc-mâm
1 cuillerée à soupe de sauce soja
1 cuillerée à soupe de graines de coriandre

1. Réhydratez les champignons dans un bol d'eau bouillante pendant 10 minutes.

2. Émincez finement les blancs de poulet.

3. Pelez et émincez les échalotes.

4. Pelez et coupez les tiges de citronnelle en 4 tronçons et liez-les ensemble pour faire un fagot.

5. Dans un wok, portez à ébullition le bouillon de légumes. Déposez les échalotes et la citronnelle. Ajoutez les champignons émincés. Laissez frémir 5 minutes.

6. Ajoutez le poulet, les sauces et les graines de coriandre dans le wok. Portez à ébullition et laissez cuire 3 minutes.

7. Écumez la surface du bouillon pour le clarifier. Retirez le fagot de citronnelle. Servez bien chaud.

TRAVERS DE PORC
ÉPICÉS

Pour 2 personnes • Préparation : 5 min • Marinade : 1 h • Cuisson : 20 min

350 g de travers de porc • 4 c. à soupe d'huile neutre • Marinade : 10 g de Maïzena • 2 c. à soupe de sauce soja • 1 c. à café de quatre-épices • 1 c. à café de gingembre moulu • 1 c. à café de paprika • 25 g de miel

1. Dans un bol, délayez la Maïzena dans la sauce soja puis incorporez les épices et le miel.

2. Avec un pinceau, badigeonnez la viande de marinade et laissez reposer 1 heure environ.

3. Faites chauffer l'huile dans un wok. Égouttez les travers de porc et faites-les cuire 10 minutes environ de chaque côté à feu vif, en procédant en plusieurs fois (s'ils ont plus de 4 cm d'épaisseur, incisez-les avec un couteau afin d'obtenir une cuisson uniforme). Servez aussitôt.

RIZ SAUTÉ AU PORC
ET À L'ANANAS

Pour 4 personnes • Préparation : 15 min • Cuisson : 15 min environ

200 g de riz cuit et froid • 200 g de filet de porc • 4 rondelles d'ananas • 1 oignon nouveau • 1 gousse d'ail • 2 c. à café de gingembre frais râpé • 100 g de crevettes cuites et décortiquées • 2 c. à soupe de sauce soja • 2 c. à soupe de nuoc-mâm • 1 c. à soupe de coriandre fraîche ciselée • 2 c. à soupe d'huile neutre

1. Pelez et émincez finement l'oignon. Épluchez, dégermez et écrasez la gousse d'ail. Hachez finement le porc.

2. Faites chauffer l'huile dans un wok puis faites revenir la viande hachée avec l'ail, l'oignon et le gingembre pendant 5 minutes à feu vif.

3. Ajoutez les crevettes, les rondelles d'ananas coupées en dés, le riz et les sauces. Parsemez de coriandre et mélangez. Laissez cuire 4 à 5 minutes. Servez chaud.

AIGUILLETTES DE CANARD
À LA CHINOISE

Pour 4 personnes
Préparation : 5 min
Cuisson : 12 min environ

600 g d'aiguillettes de canard
1 oignon
1 gousse d'ail
2 cuillerées à soupe de vinaigre de riz
3 cuillerées à soupe de miel
2 cuillerées à soupe de sauce soja
2 cuillerées à soupe d'huile neutre
Sel et poivre

1. Pelez et émincez finement l'oignon. Épluchez, dégermez et écrasez la gousse d'ail.

2. Faites chauffer l'huile dans un wok puis faites dorer les aiguillettes de canard 2 à 3 minutes à feu vif. Réservez sur une assiette.

3. Dans un wok, faites revenir l'ail et l'oignon avec le vinaigre, le miel et la sauce soja.

4. Incorporez la viande. Salez et poivrez, mélangez bien et faites chauffer encore 2 minutes. Servez aussitôt avec des nouilles chinoises.

MAGRET DE CANARD
LAQUÉ

Pour 4 personnes
Préparation : 5 min
Marinade : 2 h
Cuisson : 15 min

2 magrets de canard

Marinade :
30 g de Maïzena
2 cuillerées à soupe de vinaigre de riz
160 g de miel
10 cl de sauce soja

1. Délayez la Maïzena dans un bol en versant petit à petit le vinaigre de riz et 2 cuillerées à soupe d'eau. Lorsque le mélange est bien homogène, ajoutez le miel et la sauce soja.

2. Incisez le gras des magrets avec un couteau pointu.

3. Déposez les magrets dans un plat creux. Versez la marinade et laissez reposer 2 heures au réfrigérateur, en retournant la viande de temps en temps.

4. Préchauffez le four à 180 °C (th. 6).

5. Égouttez les magrets et saisissez-les à feu vif, côté peau, dans un wok bien chaud pendant 5 minutes. Retournez-les côté chair et continuez la cuisson 2 minutes à feu moyen. Versez la marinade dans le wok, augmentez le feu et faites-la légèrement réduire.

6. Déposez les magrets dans un plat allant au four. Enfournez-les pendant 8 minutes en les arrosant avec le reste de marinade à mi-cuisson.

7. Servez les magrets bien chauds, coupés en tranches, avec du riz cantonais.

MAGRET DE CANARD
SAUTÉ À LA MANGUE

Pour 2 personnes
Préparation : 15 min
Cuisson : 15 min environ

1 magret de canard
1 oignon
½ mangue bien mûre
½ cuillerée à soupe de miel
1 cuillerée à soupe de sauce soja
1 cuillerée à soupe de coriandre fraîche ciselée
1 cuillerée à soupe d'huile neutre (facultatif)

1. Saisissez le magret côté peau dans un wok à feu vif, sans ajout de matière grasse, jusqu'à ce que la peau soit dorée. Retournez-le et laissez cuire 2 minutes. Réservez sur une assiette.

2. Pelez et émincez finement l'oignon. Épluchez et coupez la mangue en cubes. Coupez le magret tiède en lamelles.

3. Faites revenir l'oignon dans la graisse du canard ou dans un peu d'huile. Ajoutez le miel, la sauce soja et laissez caraméliser à feu moyen. Incorporez la mangue et la coriandre, laissez cuire 2 à 3 minutes.

4. Ajoutez les lamelles de magret et continuez la cuisson 1 à 2 minutes (faites cuire davantage si vous préférez une viande moins saignante).

PORC
AU CARAMEL

Pour 2 personnes • Préparation : 10 min • Cuisson : 30 min environ

250 g de filet de porc • 2 c. à soupe de nuoc-mâm • 1 c. à soupe de sauce soja • 1 c. à café de gingembre moulu • 1 c. à café de sucre semoule • 1 c. à soupe d'huile neutre • Caramel : 2 c. à café de sucre semoule • 2 c. à soupe d'eau

1. Coupez la viande en petits cubes.

2. Dans une casserole, réalisez un caramel avec le sucre et l'eau. Réservez.

3. Faites chauffer l'huile dans un wok puis faites revenir les cubes de viande à feu vif en remuant jusqu'à ce qu'ils soient bien dorés.

4. Ajoutez le caramel, 15 cl d'eau, les sauces et le gingembre. Couvrez et laissez mijoter à feu doux pendant 15 à 20 minutes.

5. En fin de cuisson, ôtez le couvercle pour que l'eau s'évapore. Ajoutez le sucre et laissez caraméliser. Servez chaud avec du riz gluant, par exemple.

PORC AU CITRON ET AU THYM

Pour 4 personnes • Préparation : 10 min • Cuisson : 10 min

4 côtes de porc • 2 oignons • 4 c. à soupe de miel • Le jus de 1 citron • 1 c. à soupe de thym frais • 3 c. à soupe d'huile neutre • Sel et poivre

1. Pelez et émincez finement les oignons.

2. Désossez les côtes de porc et coupez la chair en petits cubes.

3. Faites chauffer l'huile dans un wok puis faites revenir les oignons 3 à 4 minutes à feu moyen.

4. Ajoutez la viande et faites cuire 5 minutes en remuant.

5. Versez le miel et le jus de citron dans le wok. Parsemez de thym, salez et poivrez. Mélangez le tout et servez bien chaud avec de la semoule.

AGNEAU AU LAIT DE COCO
ET AU CITRON

Pour 4 personnes
Préparation : 15 min
Cuisson : 20 min

450 g d'épaule d'agneau désossée
2 oignons
1 gousse d'ail
1 cuillerée à soupe de gingembre frais râpé
30 cl de lait de coco
Le jus de 1 citron
2 cuillerées à soupe d'huile neutre
Sel

1. Coupez l'agneau en petits dés.

2. Pelez et émincez les oignons. Pelez, dégermez et écrasez la gousse d'ail.

3. Faites chauffer l'huile dans un wok puis faites revenir les oignons et l'ail 5 minutes à feu moyen.

4. Incorporez la viande et faites cuire 2 minutes.

5. Ajoutez le gingembre, le lait de coco, le jus de citron et 20 cl d'eau. Couvrez et laissez cuire 10 minutes à feu moyen.

6. Salez et servez chaud avec du riz.

SALADE DE NOUILLES CHINOISES AU POULET

Pour 4 personnes
Préparation : 15 min
Cuisson : 15 min

180 g de nouilles chinoises aux œufs
2 blancs de poulet (250 g)
1 courgette
½ poivron rouge
4 feuilles de chou chinois (150 g)
1 cuillerée à café de gingembre frais râpé
2 cuillerées à soupe de sauce soja
2 cuillerées à soupe d'huile neutre

1. Émincez le poulet finement.

2. Lavez la courgette et coupez-la en tronçons puis en bâtonnets.

3. Coupez le poivron en lanières.

4. Coupez les feuilles de chou chinois en deux, puis émincez-les finement.

5. Plongez les nouilles dans un grand volume d'eau bouillante et laissez cuire 3 minutes.

6. Faites revenir le poivron dans un wok chaud avec l'huile à feu vif. Ajoutez la courgette et le chou chinois. Poursuivez la cuisson environ 5 minutes.

7. Ajoutez le poulet dans le wok, remuez et saisissez-le à feu vif. Incorporez le gingembre puis la sauce soja.

8. Ajoutez enfin les nouilles égouttées et mélangez. Faites cuire encore 2 à 3 minutes avant de servir.

POULET
AUX CACAHUÈTES

Pour 4 personnes
Préparation : 10 min
Cuisson : 15 min environ

400 g de blancs de poulet
25 g de haricots de soja noir cuits
50 g de cacahuètes
2 cuillerées à soupe de sauce soja
1 cuillerée à café de sucre semoule
2 cuillerées à café de gingembre frais râpé
2 cuillerées à soupe d'huile neutre

1. Coupez les blancs de poulet en petits cubes. Faites-les dorer 5 minutes dans un wok à feu moyen avec l'huile.

2. Ajoutez la sauce soja, le sucre et le gingembre. Laissez revenir 2 à 3 minutes.

3. Versez 25 cl d'eau dans le wok, couvrez et laissez mijoter 10 minutes en ajoutant les haricots et les cacahuètes 5 minutes avant la fin de la cuisson. Servez bien chaud.

ASTUCE

Les haricots de soja noir sont assez longs à cuire. Faites-les cuire en grande quantité et conservez-les au congélateur dans des sachets plastique.

SOUPE DE POULET AU GINGEMBRE ET AUX CAROTTES

Pour 2 ou 3 personnes • Préparation : 15 min • Cuisson : 15 min environ

2 blancs de poulet (250 g) • 100 g de vermicelles de riz • 1 carotte • 10 cl de lait de coco • 40 cl de bouillon de volaille • 1 c. à café de gingembre frais râpé • 1 c. à soupe de sauce soja • Sel et poivre

1. Émincez le poulet en lanières. Pelez et coupez la carotte en bâtonnets.

2. Dans un wok, portez à ébullition le lait de coco avec le bouillon.

3. Ajoutez le poulet, la carotte, le gingembre, la sauce soja et les vermicelles. Laissez mijoter 10 minutes environ à feu moyen.

4. Salez et poivrez si besoin. Servez bien chaud.

NOUILLES CHINOISES
AU POULET

Pour 4 personnes • Préparation : 20 min • Cuisson : 15 min environ

250 g de nouilles chinoises aux œufs cuites • 4 escalopes de poulet • 3 oignons • 2 carottes • 2 gousses d'ail • 1 poivron • 1 c. à soupe de gingembre frais râpé • 3 c. à soupe de sauce soja • 2 c. à soupe d'huile neutre

1. Pelez et émincez finement les oignons et les carottes. Épluchez, dégermez et écrasez les gousses d'ail. Coupez le poivron en lanières. Coupez le poulet en petits cubes.

2. Dans un wok, faites chauffer l'huile et faites revenir les légumes, l'ail et les oignons avec le gingembre à feu moyen. Ajoutez les cubes de poulet et faites-les dorer pendant 5 minutes.

3. Versez 10 cl d'eau et faites réduire de moitié. Ajoutez la sauce soja.

4. Incorporez les nouilles chinoises et faites chauffer encore 2 minutes. Servez aussitôt.

NOUILLES SAUTÉES AU POULET ET AUX AMANDES

Pour 2 personnes
Préparation : 20 min
Cuisson : 20 min

80 g de nouilles chinoises
1 blanc de poulet
80 g d'amandes
3 champignons noirs déshydratés
1 poivron
½ oignon
2 cuillerées à soupe de sauce soja
2 cuillerées à soupe de farine
5 cuillerées à soupe d'huile neutre
Sel

1. Réhydratez les champignons dans un bol d'eau bouillante pendant 10 minutes. Égouttez-les et émincez-les.

2. Coupez le blanc de poulet en fines tranches. Lavez le poivron et coupez-le en lanières. Émincez l'oignon.

3. Faites chauffer 2 cuillerées à soupe d'huile dans un wok puis faites revenir l'oignon, le poivron et les champignons 5 minutes à feu vif. Ajoutez le poulet et la sauce soja. Saupoudrez de farine et mélangez. Versez 20 cl d'eau en remuant. Couvrez et faites cuire 5 à 10 minutes.

4. Faites cuire les nouilles selon les indications mentionnées sur le paquet. Réservez $^1/_3$ des nouilles. Répartissez le reste dans de grands bols. Arrosez d'un filet d'huile et disposez dessus le poulet.

5. Faites chauffer l'huile restante dans le wok, puis faites dorer les nouilles. Ajoutez-les dans les bols.

6. Dans une poêle, faites dorer les amandes concassées avec 1 pincée de sel. Parsemez les bols d'amandes. Servez aussitôt.

NEMS AU POULET

Pour 12 nems
Préparation : 40 min
Cuisson : 20 min

12 feuilles de riz
150 g de blanc de poulet
1 oignon haché
1 carotte râpée
5 petits champignons noirs déshydratés
60 g de vermicelles de soja
1 cuillerée à soupe de miel
2 cuillerées à soupe de sauce soja
2 cuillerées à soupe d'huile neutre
Huile de friture

1. Coupez le poulet en lanières.

2. Réhydratez les champignons dans un bol d'eau bouillante pendant 10 minutes. Égouttez-les et émincez-les.

3. Dans un autre bol d'eau bouillante, plongez les vermicelles 10 minutes. Coupez-les en tronçons et laissez-les égoutter.

4. Faites chauffer l'huile neutre dans un wok puis faites revenir l'oignon 3 minutes à feu moyen. Ajoutez le poulet, mélangez et laissez cuire 2 minutes. Incorporez la carotte, les champignons et les vermicelles. Versez le miel et la sauce soja. Mélangez puis ôtez le wok du feu.

5. Trempez 1 feuille de riz dans une assiette d'eau chaude. Une fois ramollie, déposez un peu de farce au milieu de la feuille, refermez en repliant les deux côtés et roulez en serrant bien. Réalisez ainsi les autres nems.

6. Faites chauffer l'huile dans un wok. Plongez les nems et faites-les dorer pendant 4 à 5 minutes. Egouttez-les sur du papier absorbant.

NASI GORENG

Pour 4 personnes
Préparation : 20 min
Cuisson : 25 min

20 cl de bouillon de poule
1 blanc de poulet
1 échalote
1 carotte
1 œuf
200 g de riz cuit (environ 75 g sec)
1 cuillerée à soupe de sauce soja
1 cuillerée à café de sambal oelek (pâte de piment indonésienne)
100 g de grosses crevettes crues décortiquées
4 cuillerées à soupe d'huile neutre

1. Portez le bouillon de poule à ébullition, puis faites pocher le blanc de poulet 10 minutes. Égouttez-le et coupez-le en fines lanières.

2. Pelez et émincez l'échalote. Pelez et râpez la carotte.

3. Battez l'œuf à la fourchette. Faites-le cuire dans une poêle en une fine omelette avec 2 cuillerées à soupe d'huile. Roulez l'omelette sur elle-même et coupez-la en fines lanières.

4. Faites chauffer le reste d'huile dans un wok puis faites revenir la carotte râpée 2 minutes à feu moyen. Ajoutez l'échalote et faites revenir 2 minutes.

5. Ajoutez ensuite le riz et la sauce soja. Mélangez et faites chauffer 5 minutes à feu vif.

6. Incorporez le sambal oelek, les crevettes et le poulet. Laissez cuire encore 3 minutes.

7. Décorez la préparation de lanières d'omelette et servez aussitôt.

POULET
AIGRE-DOUX

Pour 2 personnes • Préparation : 20 min • Marinade : 1 h • Cuisson : 20 min environ

200 g de blancs de poulet • 1 oignon • ½ poivron rouge • ½ poivron vert • 2 c. à soupe de sauce soja • 1 c. à soupe de Maïzena • 3 c. à soupe de vinaigre de riz • 4 c. à soupe de sauce tomate • 4 tranches d'ananas • 2 c. à soupe d'huile neutre • Sel et poivre

1. Coupez les blancs de poulet en petits cubes. Faites-les mariner 1 heure dans la sauce soja.

2. Farinez légèrement les cubes de poulet et saisissez-les à feu moyen dans un wok avec l'huile. Réservez sur une assiette.

3. Émincez finement l'oignon et les poivrons. Faites-les revenir dans le wok à feu moyen jusqu'à ce qu'ils soient bien tendres. Ajoutez la Maïzena délayée dans 8 cl d'eau froide et mélangez.

4. Incorporez le vinaigre de riz, la sauce tomate, les tranches d'ananas coupées en cubes et laissez cuire 5 minutes. Ajoutez le poulet, salez et poivrez. Faites chauffer encore 2 minutes et servez.

POULET
AU PAPRIKA

Pour 4 personnes • Préparation : 15 min • Cuisson : 10 min

4 blancs de poulet (500 g) • 1 poivron rouge • 4 tomates • 30 g de farine • 2 c. à soupe de paprika • 2 c. à soupe d'huile neutre • Sel

1. Lavez le poivron et émincez-le en lanières.

2. Lavez les tomates et coupez-les en rondelles.

3. Coupez le poulet en fines tranches. Passez-les dans la farine et ôtez l'excédent en les secouant dans une passoire.

4. Faites chauffer l'huile dans un wok puis faites revenir les lanières de poivron 3 minutes à feu moyen.

5. Ajoutez le poulet et saisissez-le 2 à 3 minutes à feu très vif en remuant.

6. Ajoutez les tomates, le paprika et 1 pincée de sel. Mélangez et faites cuire 3 minutes à feu moyen. Servez bien chaud.

POULET SAUTÉ
AU BASILIC THAÏ

Pour 4 personnes
Préparation : 10 min
Cuisson : 6 min

4 blancs de poulet (500 g)
1 poivron
1 oignon
½ bouquet de basilic thaï
2 cuillerées à soupe de nuoc-mâm
3 cuillerées à soupe de sauce soja sucrée
2 cuillerées à café de sucre semoule
2 cuillerées à soupe d'huile neutre

1. Coupez le poulet en fines lamelles.

2. Lavez le poivron et coupez-le en lanières.

3. Pelez et émincez finement l'oignon.

4. Lavez et hachez le basilic.

5. Faites chauffer l'huile dans un wok puis faites revenir l'oignon et le poivron 3 minutes à feu moyen.

6. Ajoutez les lanières de poulet et mélangez. Faites dorer 1 minute à feu vif.

7. Versez les sauces et le sucre dans le wok. Remuez et laissez cuire encore 2 minutes.

8. Parsemez la préparation de basilic haché et servez bien chaud.

POULET SAUTÉ
AU CHOU CHINOIS

Pour 2 personnes
Préparation : 10 min
Cuisson : 15 min

2 blancs de poulet (250 g)
6 feuilles de chou chinois
1 carotte
2 cuillerées à soupe de sauce soja
1 cuillerée à soupe de gingembre frais râpé
2 cuillerées à soupe d'huile d'olive

1. Coupez les blancs de poulet en dés.

2. Émincez le chou chinois.

3. Pelez la carotte et coupez-la en bâtonnets.

4. Faites chauffer 1 cuillerée à soupe d'huile dans un wok puis faites revenir les dés de poulet 2 à 3 minutes à feu moyen. Réservez sur une assiette.

5. Faites chauffer le reste d'huile dans le wok puis faites revenir les légumes 2 à 3 minutes. Ajoutez la sauce soja et le gingembre. Laissez cuire 5 minutes environ.

6. Remettez les dés de poulet dans le wok. Mélangez et faites chauffer encore 2 minutes. Servez bien chaud.

POULET AU LAIT DE COCO,
POIVRON ET ANANAS

Pour 2 personnes
Préparation : 10 min
Cuisson : 15 min

2 blancs de poulet (250 g)
½ poivron jaune ou rouge
2 rondelles d'ananas frais
1 oignon
½ cuillerée à café de gingembre moulu
½ cuillerée à café de curry
½ cuillerée à café de curcuma
1 cuillerée à soupe de sauce soja
1 cuillerée à soupe de miel
20 cl de lait de coco
2 cuillerées à soupe d'huile neutre
Sel et poivre

1. Pelez et émincez finement l'oignon.

2. Coupez le poivron, l'ananas et les blancs de poulet en petits dés.

3. Faites chauffer 1 cuillerée à soupe d'huile dans un wok puis faites revenir les dés de poulet 2 à 3 minutes à feu moyen. Salez, poivrez et réservez sur une assiette.

4. Faites chauffer le reste d'huile dans le wok puis faites revenir l'oignon et le poivron avec les épices, la sauce soja et le miel 3 minutes.

5. Ajoutez l'ananas et le lait de coco. Faites cuire 5 minutes environ à feu moyen de façon à réduire la sauce.

6. Remettez les dés de poulet dans le wok et faites chauffer encore 2 minutes. Servez bien chaud avec du riz parfumé au curcuma.

RAVIOLIS
À LA VIANDE

Pour 15 raviolis • Préparation : 25 min • Cuisson : 5 min

15 feuilles à raviolis (pâte won-ton) • 200 g de filet de porc • 2 champignons noirs déshydratés • 35 g de pousses de soja • 1 c. à soupe de coriandre fraîche ciselée • 1 c. à soupe de vinaigre de riz • Sel et poivre

1. Réhydratez les champignons dans un bol d'eau bouillante pendant 10 minutes.

2. Coupez la viande en gros cubes.

3. Mixez ensemble la viande, les pousses de soja, la coriandre, le vinaigre de riz et les champignons réhydratés, jusqu'à l'obtention d'un mélange homogène. Salez et poivrez.

4. Répartissez 1 cuillerée à soupe de ce mélange au centre de chaque feuille à raviolis. Refermez-les en badigeonnant les bords avec un peu d'eau pour bien les souder.

5. Mettez de l'eau à chauffer dans un wok, déposez un panier vapeur en bambou par-dessus et faites cuire les raviolis pendant 5 minutes. Servez aussitôt.

BOULETTES DE PORC
AUX CACAHUÈTES

Pour 4 personnes • Préparation : 15 min • Repos : 1 h • Cuisson : 10 min

500 g de filet de porc • 2 c. à soupe de cacahuètes • 1 c. à café de gingembre frais râpé • 1 c. à soupe de sauce soja • 2 c. à soupe d'huile neutre • Sel et poivre

1. Coupez grossièrement la viande.

2. Mettez tous les ingrédients (sauf l'huile) dans le bol d'un mixeur. Mixez jusqu'à l'obtention d'un mélange homogène.

3. Façonnez de petites boulettes. Placez-les bien espacées sur une assiette et laissez reposer 1 heure au frais.

4. Faites chauffer l'huile dans un wok puis faites cuire les boulettes à feu vif pendant 10 minutes en remuant régulièrement. Servez avec une salade.

CURRY DE POULET
AUX TROIS POIVRONS

Pour 4 personnes
Préparation : 15 min
Cuisson : 20 min

600 g de chair de poulet
3 poivrons (1 vert, 1 rouge, 1 jaune)
2 oignons
2 gousses d'ail
1 cuillerée à soupe de curry
2 cuillerées à soupe de concentré de tomates
30 cl de bouillon de volaille
2 cuillerées à soupe de coriandre fraîche hachée
3 cuillerées à soupe d'huile d'olive

1. Coupez la chair de poulet en dés.

2. Lavez les poivrons et coupez-les en lanières.

3. Pelez les oignons et émincez-les finement. Pelez et écrasez les gousses d'ail.

4. Faites chauffer 1 cuillerée à soupe d'huile dans un wok puis faites revenir les dés de poulet 3 à 4 minutes à feu moyen. Réservez sur une assiette.

5. Faites chauffer le reste d'huile dans le wok et faites revenir les lanières de poivrons avec les oignons et l'ail 5 minutes à feu moyen. Ajoutez le curry, le concentré de tomates et le bouillon de volaille. Poursuivez la cuisson 10 minutes.

6. Remettez la viande dans le wok et faites chauffer encore 2 minutes.

7. Parsemez la préparation de coriandre et servez aussitôt avec du riz.

CURRY DE POULET
AUX CHAMPIGNONS

Pour 2 personnes
Préparation : 10 min
Cuisson : 15 min

2 blancs de poulet (250 g)
125 g de champignons de Paris
1 oignon
1 gousse d'ail
2 tomates
1 cuillerée à soupe de curry
1 cuillerée à soupe de quatre-épices
1 cuillerée à soupe de sauce soja
2 cuillerées à soupe d'huile neutre
Sel

1. Coupez les blancs de poulet en dés.

2. Pelez et émincez finement l'oignon. Pelez et écrasez la gousse d'ail.

3. Lavez les tomates et coupez-les en dés. Lavez et émincez les champignons.

4. Faites chauffer 1 cuillerée à soupe d'huile dans un wok puis faites revenir les dés de poulet 3 minutes à feu moyen. Salez et réservez sur une assiette.

5. Faites chauffer le reste d'huile dans le wok puis faites revenir l'oignon et l'ail avec les épices 2 à 3 minutes à feu doux. Ajoutez les tomates, les champignons et la sauce soja. Couvrez et laissez mijoter 10 minutes.

6. Remettez le poulet dans le wok et laissez chauffer 3 minutes. Mélangez et servez bien chaud avec du riz.

PAD THAÏ
AU POULET

Pour 4 personnes
Préparation : 30 min
Cuisson : 25 min

375 g de nouilles de riz thaï
2 blancs de poulet
200 g de pousses de soja
2 gros œufs
3 oignons nouveaux émincés
1 gousse d'ail hachée
2 cuillerées à soupe de feuilles de coriandre fraîche
3 cuillerées à soupe de cacahuètes concassées
Huile

Sauce :
40 g de pulpe de tamarin
2 cuillerées à soupe de sauce nuoc mam
2 cuillerées à soupe de sauce soja
Le jus et le zeste de 1 citron vert combawa
2 cuillerées à café de sucre roux

1. Pour la sauce : faites bouillir 20 cl d'eau. Diluez la pulpe de tamarin dans l'eau chaude et laissez reposer 30 minutes. Puis filtrez dans une passoire fine. Ajoutez la sauce nuoc mam, la sauce soja, le jus et le zeste du citron vert et le sucre roux. Réservez.

2. émincez les blancs de poulet et fines lanières. Faites chauffer un filet d'huile dans le wok et faites-y revenir les morceaux de poulet pour les faire cuire. Retirez-les. Fouettez les œufs en omelette dans un bol. Faites-les revenir dans le wok, comme des œufs brouillés. Retirez.

3. Faites cuire les nouilles de riz dans une casserole d'eau bouillante, selon le temps indiqué sur le paquet.

4. Ajoutez un filet d'huile dans le wok et faites-y revenir les oignons et l'ail.

5. Ajoutez la sauce, la coriandre ciselée et les pousses de soja. Laissez cuire 2 à 3 minutes. Puis ajoutez les nouilles égouttées, le poulet et les œufs cuits. Laissez cuire 2 minutes en mélangeant.

6. Servez bien chaud, en saupoudrant de cacahuètes concassées.

SALADE DE BŒUF THAÏ

Pour 4 personnes • Préparation : 10 min • Cuisson : 5 min

500 g de rumsteack de bœuf • ½ concombre • 1 oignon rouge • 100 g de mesclun • 4 c. à soupe de vinaigre de riz • 2 c. à soupe de nuoc-mâm • 3 c. à soupe de cacahuètes hachées • 2 c. à soupe d'huile de sésame • 1 c. à soupe d'huile d'olive

1. Faites chauffer l'huile d'olive dans un wok puis saisissez le bœuf 2 à 3 minutes de chaque côté. Coupez-le en fines tranches.

2. Coupez le concombre en fines lamelles. Pelez et émincez finement l'oignon rouge.

3. Dans un saladier, mélangez la salade avec le concombre, le vinaigre, l'huile de sésame et le nuoc-mâm.

4. Ajoutez le bœuf et mélangez bien.

5. Saupoudrez de cacahuètes hachées et servez aussitôt.

BŒUF SAUTÉ
À L'ORANGE

Pour 4 personnes • Préparation : 5 min • Cuisson : 15 min environ

500 g de rumsteak de bœuf • 1 gros oignon • 1 gousse d'ail • 1 c. à soupe de vinaigre de riz • 2 c. à soupe de sauce soja • 2 c. à café de sucre semoule • 1 c. à soupe de zeste d'orange • ½ c. à soupe de jus d'orange • 2 c. à soupe d'huile neutre • Sel et poivre

1. Émincez le bœuf en fines lamelles. Faites chauffer l'huile dans un wok et saisissez-les 2 à 3 minutes à feu vif. Réservez sur une assiette.

2. Pelez et émincez finement l'oignon. Épluchez, dégermez et hachez la gousse d'ail. Faites revenir le tout dans le wok à feu vif avec le vinaigre de riz et la sauce soja.

3. Ajoutez 2 cuillerées à soupe d'eau, le sucre, le zeste et le jus d'orange.

4. Incorporez la viande, mélangez et faites chauffer encore quelques instants. Salez et poivrez. Servez avec des nouilles de riz.

DINDE
À L'ANANAS

Pour 4 personnes
Préparation : 20 min
Cuisson : 15 min

4 escalopes de dinde
3 échalotes
2 tranches d'ananas frais
12 mini-épis de maïs au vinaigre
2 cuillerées à soupe d'airelles
2 cuillerées à soupe d'huile d'olive

1. Coupez les escalopes en fines lanières.

2. Pelez et émincez finement les échalotes.

3. Retirez l'écorce et le cœur filandreux de l'ananas. Coupez la chair en petits dés.

4. Faites chauffer l'huile dans un wok puis faites revenir les échalotes 2 à 3 minutes à feu moyen.

5. Ajoutez l'ananas, couvrez et laissez cuire 5 minutes sur feu moyen.

6. Incorporez la viande, les mini-épis de maïs et les airelles. Mélangez et poursuivez la cuisson 5 minutes environ. Servez avec du riz.

POULET GLACÉ
AU SAKÉ

Pour 4 personnes
Préparation : 5 min
Cuisson : 15 min environ

400 g de blancs de poulet
8 cl de sauce soja
8 cl de saké
3 cuillerées à soupe de sucre semoule
2 cuillerées à soupe d'huile neutre
Poivre

1. Coupez les blancs de poulet en petits cubes.

2. Faites chauffer l'huile dans un wok puis faites revenir le poulet à feu moyen jusqu'à ce qu'il soit bien doré.

3. Ajoutez la sauce soja, le saké et le sucre. Laissez cuire 5 à 10 minutes afin que la sauce caramélise.

4. Poivrez et servez chaud avec du riz.

ASTUCE

Si vous ne trouvez pas de saké, remplacez-le par du vinaigre de Xérès.

INDEX DES RECETTES

S

T

V

ÉQUIVALENCES

MESURES LIQUIDES

Système métrique	Système américain	Autre nom
5 ml	1 cuillère à thé (cuillère à café française)	
15 ml	1 cuillère à table (cuillère à soupe française)	
35 ml	1/8 cup (tasse française)	1 oz (ou once)
65 ml	1/4 cup ou 1/4 grand verre	2 oz
125 ml	1/2 cup ou 1/2 grand verre	4 oz
250 ml	1 cup ou 1 grand verre	8 oz
500 ml	2 cups ou 1 pinte	
1 litre	4 cups ou 2 pintes	

MESURES SOLIDES

Système métrique	Système américain	Autre nom
30 g	1/16 lbs	1 oz
55 g	1/8 lbs	2 oz
115 g	1/4 lbs	4 oz
170 g	3/8 lbs	6 oz
225 g	1/2 lbs	8 oz
454 g	1 livre	16 oz

CHALEUR DU FOUR

Chaleur	° Celsius	Thermostat	° Fahrenheit
Très doux	70 °C	Th. 2-3	150 °F
Doux	100 °C	Th. 3-4	200 °F
	120 °C	Th. 4	250 °F
Moyen	150 °C	Th. 5	300 °F
	180 °C	Th. 6	350 °F
Chaud	200 °C	Th. 6-7	400 °F
	230 °C	Th. 7-8	450 °F
Très chaud	260 °C	Th. 8-9	500 °F

Toutes les recettes de ce livre sont tirées de *Wok* de Marie-Laure Tombini paru aux Éditions Mango, sauf les recettes pages 16, 20, 32, 46, 60, 72, 114, 115, 120, 134, 180.

Photo de couverture : Delphine Lebrun
Stylisme de couverture : Sophie Dumont

Direction : Guillaume Pô
Direction éditoriale : Tatiana Delesalle
Édition : Élise Marcantoni assistée d'Emma Lombois
Direction artistique : Sylvaine Beck
Création graphique : Ambrine Angaud
Mise en pages : Patrick Leleux PAO
Direction de fabrication : Thierry Dubus
Suivi de fabrication : Florence Bellot
1re édition - N° d'édition : M21020
ISBN : 9782317027246
Code MDS : MN27246

FSC www.fsc.org MIX Papper från ansvarsfulla källor FSC® C015559

Ce livre s'inscrit dans une démarche écoresponsable. Il est imprimé sur du papier FSC® issu de forêts gérées durablement. Cette certification garantit une empreinte carbone réduite et une gestion raisonnée de la forêt, qui maintient la biodiversité et protège les écosystèmes. Il est imprimé avec des encres végétales, c'est-à-dire fabriquées uniquement à partir de matières premières renouvelables et sans huiles minérales. Il a été imaginé et conçu en France, et imprimé en Europe.

Achevé d'imprimer en 2021
par Interak en Pologne

Dépôt légal : avril 2021
www.mangoeditions.com

Retrouvez-nous sur Instagram :
@mangoeditions

DANS LA MÊME COLLECTION